双碳目标下网络数字化技术应用研究实践

陈志高 著

湘潭大学出版社
XIANGTAN UNIVERSITY PRESS

本专著受长沙市2022年度软科学研究计划项目资助，课题名称“双碳目标下长沙制造业低碳技术创新与绿色发展研究”（课题号kh2302007）

前　言

极端气候频发，生态环境不断恶化，严重威胁人类的繁衍生息。应对气候变化，实现碳中和，是摆在每个人面前的重大挑战。全球大部分国家已明确碳中和实施路径与达成时间。实现碳中和是我国实现社会主义现代化强国的必经之路。我国要力争用不到10年的时间实现碳达峰，并且争取用不到30年的时间实现碳中和。这既为经济社会发展全过程带来巨大的挑战，又为各方面的转型升级带来重大历史机遇。

我们应当发挥数字化、网络化、智能化在降碳过程中的“乘法”效应，利用数字技术推进绿色低碳转型。落实双碳战略，需要数字化转型与绿色低碳转型深度融合，绿色成为数字化转型的底色，数字化转型则是绿色低碳转型的重要抓手。毫无疑问，要实现从源头、过程到整体的全价值链节能减排，需要新一代数字技术支撑，数字技术是实现碳达峰、碳中和的重要手段。通过应用数字化手段，助力能源生产、使用侧节能和效率提升，进而构建绿色低碳新产业、新业态。

本书立足于网络快速发展的数字化信息化时代，对双碳目标下网络数字化技术的应用进行实践探索。双碳目标既涉及如何更有效更科学地进行温室气体的减排，也是一个部门或一个地区为实现和完成应对温室气体减排总目标和任务的关键阶段。该书从双碳目标愿景出发，系统分析碳达峰、碳中和对人类生活产生的影响，全面地阐述了为实现双碳目标而应采取的网络数字化技术，通过对网络数字化技术在各个领域的应用分析，为实现双碳目标开辟新赛道。全书的编写内容全面、结构合理、逻辑性强、文字通俗易懂，希望能为有关部门应对气候变化实现双碳目标提供参考。

由于编者水平有限，书中难免有疏漏或错误之处，恳请同行和读者多提宝贵意见，以便今后对本书进行修改和完善。

目　录

第一章　双碳目标下网络数字化技术概述

第一节　双碳目标概述

一、双碳的基本概念

碳达峰（Peak Carbon Dioxide Emissions）与碳中和（Carbon Neutrality），合称双碳。学习双碳，首先要了解碳及碳污染、碳排放对温室效应的影响，才能深刻理解双碳目标的内在逻辑。双碳里的“碳”是指一种化学元素，它是一种既有正面作用，也有负面作用的基本元素，学习其正反两方面的作用可以对双碳有基本的认识。

（一）碳及碳作用

碳（Carbon）是一种非金属元素，其化学符号为C，位于元素周期表的第二周期IVA族，是自然界一种很常见的元素，以多种形式存在于大气、地壳以及生物中。人们很早就认识到了碳，并认可它所形成的系列化合物是生命发展的根本。

碳是经济社会发展所需要的铁、钢的重要成分之一，在人类社会生产的发展和进步中发挥着重要的作用。工业社会的发展，第二产业的推动，大量能源的使用，加速了人类社会的进步，提高了人们的生活质量，同时碳的排放量也不断增大。全球化加快了产业转移，也使碳的辐射面更加广阔。

（二）碳污染与气候危机

碳污染是指碳燃烧后产生的二氧化碳浓度增加到一定程度形成的污染，它会破坏生态系统。几百年来，碳为人类社会发展做出了贡献。伴随着工业的发展，人类生产生活排放了大量二氧化碳，引起温室效应。碳及碳污染的影响已成为全球共同面临的问题。

碳污染是导致气候急剧变化的主要原因。联合国政府间气候变化专门委员会（Intergovernmental Panel on Climate Change，IPCC）是在全球气候治理中牵头评估气候变化的国际组织。它从 20 世纪 90 年代开始发布评估报告，专门围绕气候变化对全球的影响做出系统评价。截至 2021 年 12 月底，其已发布了五次专门评估报告。报告明确指出了气候变化面临的现实危机；最明显的表现是全球气候变暖；气候变暖主要是由全球二氧化碳排放量的增长引起；近几十年的变暖速度远超过去几千年的速度；气候变暖导致人类社会和自然系统出现了不可逆转的负面影响，直接威胁人类生存和可持续发展。

人类活动促使气候变化的速度加剧，远超出自然界和人们的适应能力，从而演变成了气候危机。气候危机的结果是极端天气的不断出现，强降雨、干旱、洪水等自然灾害影响人们的正常生活，直接威胁人类的发展。

（三）碳达峰的基本概念

碳达峰是指碳排放量达到峰值后不再增长，即二氧化碳排放量由升转降的拐点。碳排放与生产技术、科技实力密切相关，部分发达国家凭借先发优势已经实现碳达峰。

碳达峰意味着在满足生产生活实际需求的情况下，实现碳排放减少，直接助力应对气候变化。理解碳达峰不能单一地看碳排放的危害，而应该辩证分析碳排放与满足社会需求的关系。

实现可持续发展需要兼顾很多方面，不是简单地以人为降低发展速度为代价，而是应从技术提升和环保意识增强的角度来达到此目标。

（四）碳中和及其相关概念

学术界对碳中和之定义表述尚无一致意见。通常认为它是节能减排术语，指在特定时间内，每一个对象（可以是全球、国家、企业甚至某个产品等）未来“排放的碳”与“吸收的碳”总量相等①，也有表述为二氧化碳排放量的收支抵消，达到平衡。

实现碳中和，主要靠碳排放技术和控碳方式。主要包括植树造林、碳捕集与封存（Carbon Capture and Sequestration，CCS）、二氧化碳净零排放等。

碳捕集与封存，又译为碳捕获与埋存、碳收集与储存等，主要是针对大型发电厂所产生的二氧化碳，通过技术手段，采取多种方法将其封存或者储存起来，避免二氧化碳排放到空气中。该技术是国际社会普遍认可的经济高效、宜于大规模应用的方法，其已经成为二氧化碳减排的主流方式。

从广义来看，碳中和瞄准的目标，是实现温室气体最终达到净零排放。从狭义来看，主要是通过对生产活动的控制，保证碳排放符合相关要求。

（五）碳达峰与碳中和的关系

碳达峰是实现碳中和的前提，它们之间有着极为重要的承前启后关系。碳达峰的实现时间及峰值高低对后续实现碳中和的时间跨度产生直接影响。碳达峰的实现时间越早，实现碳中和的压力就越小。碳达峰尽早实现，将为达到碳中和的目标打下更好的基础。

碳达峰与碳中和均会对社会经济发展形成全面的影响，对社会各行各业

① 安永碳中和课题组．一本书读懂碳中和［M］．北京：机械工业出版社，2021.

的技术进步产生实质推动。面对双碳目标，无论是传统行业还是新兴产业，无论是技术升级还是产业转型，都应根据双碳要求去实现新的转变。

碳达峰与碳中和都是应对气候变暖的主要方式。相对而言，碳中和主要是通过对行业产业的技术、体系、设施等方面的把控和创新，以全新的发展路径应对气候变化问题。

二、双碳目标的设立

（一）全球双碳目标

从 1972 年联合国人类环境会议通过的《斯德哥尔摩宣言》，到 2015 年第 21 届联合国气候大会通过的《巴黎协定》，全球开始关注并采取行动应对碳污染引起的气候变化，明确提出了到 21 世纪末，将全球平均温升保持在相对于工业化前水平 2 ℃以内，并为全球平均温升控制在 1.5 ℃以内付出努力；明确提出要通过提升产业技术水平，将碳达峰与碳中和作为应对全球变暖的这一主要目标。提出双碳目标以来，已经完成碳达峰目标的国家已有 50 余个。预计到 2030 年全球将有 60 余个国家实现碳达峰。预计 2060 年实现碳中和的国家将达到 30 余个。

近年来，随着气候变化的加剧，世界各国加快了双碳目标的推进。

2015 年 5 月，第 21 届联合国气候大会通过了《巴黎协定》，但其部分实施细则尚未落实。2019 年 12 月，《联合国气候变化框架公约》第 25 次缔约方会议（COP25）在西班牙举行，大会重点讨论了《巴黎协定》第 6 条实施细则，经过多方努力，在加强全球合作等方面达成了共识。这次会议为推动全球双碳工作奠定了良好基础。2021 年 11 月，在英国格拉斯哥联合国气候变化大会期间，中国和美国发布了《中美关于在 21 世纪 20 年代强化气候行动的格拉斯哥联合宣言》，世界上最大的两个经济体在应对气候变化上进一步合作，助力全球共同实现温控目标。之后，经过各方协调，各国对《巴黎协定》第 6 条具体实施细则基本达成了共识，既为实现《巴黎协定》奠定了基础，又为实现全球双碳目标创造了更多条件。

（二）中国双碳目标

我国从“十一五”开始采取众多措施节能减排，并取得了实效。此后，通过推动产业技术转型升级、优化产业结构、加强对污染行业治理、加大绿色产业等措施，逐年推进节能减排。党的十八大以来，我国的生态环境保护取得了很大成效。党和政府着眼长远，加快推进新能源使用，推动钢铁、石化、化工等传统高耗能行业转型升级，构建绿色低碳循环发展经济体系；注重推进高质量发展，统筹兼顾好经济社会发展与生态文明建设关系，推动社会可持续发展。

2020 年 9 月，习近平同志在第七十五届联合国大会一般性辩论上明确提出我国的双碳目标，即二氧化碳排放力争于 2030 年前达到峰值，努力争取于 2060 年前实现碳中和。习近平同志的讲话围绕碳达峰与碳中和分别实现的时间节点、实现的程度及具体的工作任务要求，为气候变化问题的应对明确了方向。

2020 年 12 月，习近平同志在气候雄心峰会上通过视频发表题为《继往开来，开启全球应对气候变化新征程》的重要讲话，宣布中国自主贡献一系列新举措，明确“到 2030 年，中国单位国内生产总值二氧化碳排放将比 2005 年下降 65% 以上，非化石能源占一次能源消费比重将达到 25% 左右，森林蓄积量将比 2005 年增加 60 亿立方米，风电、太阳能发电总装机容量将达到 12 亿千瓦以上”。讲话明确指出我国将以新发展理念为引领，在推动高质量发展中促进经济社会发展全面绿色转型，脚踏实地落实双碳目标，为全球应对气候变化做出中国贡献。

三、双碳的影响

双碳影响广泛。双碳目标实现与否关系到生态文明建设、产业健康发展等各方面，关系到美丽中国的实现，关系到中华民族的永续发展，关系到社会主义现代化强国的建设。

随着全球各国二氧化碳气体排放，给世界环境带来了诸多变化。这种变化首先来自温室气体的一些温室效应。这个效应使得地球的温度升高，导致北冰洋等地区冰川融化，海平面上升。当海平面上升后加剧了台风等极端气象天气，带来自然灾害，这是由于二氧化碳温室效应给人类造成气候变化的第一个影响。第二个影响是温度上升。温度上升对生态系统造成破坏，影响物种分布、迁徙、繁殖和生存条件，温度升高、干旱和洪涝等极端事件对农作物生长和农业生产造成不利影响，可能导致粮食供应不稳定、粮价上涨，生物多样性丧失，对于生态系统的稳定和功能产生负面影响，威胁到生态平衡和人类粮食安全，气候变化对农业产量和作物品质造成风险。美国科学家预测：温度变化会将持续导致粮食减产，到2050年，粮食将减产30%，给世界带来灾难性的后果。第三个影响是二氧化碳气体排放会导致大气污染，产生一定的环境副作用。譬如，大气污染容易形成雾霾天气，导致人的身体健康和疾病的产生。据历史记录，人类历史上有十起雾霾大气污染事件。其中，1952年伦敦雾霾是人类历史上一场较为严重的大气污染事件。该事件的主要危害有：

① 健康危害。雾霾中的颗粒物和有害物质对人体健康造成重大损害。在雾霾期间，大量的煤烟和工业排放物与高湿度的空气相结合，形成致命的雾霾，导致空气中悬浮颗粒物与有毒气体浓度大幅上升。伦敦雾霾能够对呼吸系统和心血管系统造成严重影响，导致数万人患上哮喘、肺炎、呼吸衰竭和心脏病等呼吸道和心血管相关疾病，甚至导致数千人过早死亡。

② 环境破坏。伦敦雾霾对环境造成的破坏也是显著的。大量的煤烟、工业排放物和汽车尾气中的有害物质，例如二氧化硫、氮氧化物和颗粒物，被悬浮在空气中，这些有害物质会对植被、水体和土壤产生负面影响，破坏生态平衡。

③ 社会经济影响。伦敦雾霾对当时的城市生活和经济造成了重大冲击。雾霾导致道路能见度急剧下降，交通受阻，航空、铁路等交通系统运行受到

严重干扰，人们的日常生活受到很大困扰。此外，商业活动和工业生产也受到了限制，造成经济损失。

四、环保意识觉醒

伦敦雾霾事件使人们对大气污染和环境保护问题有了更深入的认识。此次事件在全世界引起了广泛关注，成为全球环境保护和大气污染控制的重要里程碑。伦敦雾霾的严重后果促使各国政府和公众采取更多的措施来保护环境和改善空气质量，促进了各国环境保护意识的觉醒和环境立法的进一步完善。

（一）双碳目标面临的挑战

从近年来持续进行的节能减排和环境保护，到我国提出的未来几十年的战略目标，我国双碳目标的实现面临诸多挑战。

1. 碳排放量偏大

自我国改革开放以来，特别是加入 WTO 之后，我国融入全球化发展，既实现了国内经济快速发展，也为世界经济做出了重要贡献。作为全球产业链最为完整的国家和制造业大国，工业生产的现实决定了我国的碳排放总量快速增长。作为全球领先的产业基地，只有通过产业升级和技术提升才能健康有序推进双碳，循序渐进实现目标。

2. 碳排放强度较高

我国碳排放强度高，为实现双碳目标带来了客观上的挑战。作为全球最大的发展中国家和人口最多的国家，我国产业结构、能源问题复杂，要减少碳排放强度，涉及的问题众多，需要统筹各方面才能实现。

3. 实现时间紧迫

相较于已经实现了碳达峰的发达国家，我们要在既定时间实现碳达峰与碳中和，从时间上来讲更为紧张，需要更先进、更适应现代产业发展的新技术。

（二）双碳目标带来的机遇

中国作为最大的发展中国家，要实现双碳目标，需要在技术革命、产业升级上做出更多努力，这又给我们带来了更多机遇。

1. 为技术革命和产业升级带来机遇

从产业链、供应链、利益链系统地来看，需要技术革命和产业升级才能促进社会经济持续发展。双碳目标则要求我们在众多领域不断提升控碳技术，通过技术创新、科技研发等确保产能产量增加的同时，实现碳排放减少的目标。

2. 提升我国的能源利用率

我国部分行业产业由于技术限制、结构比例不同等客观现状，能源的利用率还不够高。双碳目标将倒逼产业转型升级，确保绿色技术的提升，让行业产业能更有效地利用现有能源，减少能源利用不充分的现状。

3. 促进新能源产业发展

双碳的实现需要减少高碳能源使用。双碳战略会加速新的能源革命。低耗能、无污染的新能源会更广泛地用于生产与生活，将会有更多的行业企业、科研院所投入新能源的研发，从而加快新能源产业的发展。

（三）双碳目标促进人类发展

双碳目标要求未来的经济发展必须以低碳生产为基础。该目标的提出为我国提供了提升产业技术、增强产业竞争力、实现产业创新、改善人居环境、提高人们生活质量的重要推动力。

根据相关协定，中国、美国、日本、印度、欧盟等在内的100多个国家及地区先后提出了相应的碳中和目标。从全球范围来看，双碳目标的实现涉及政治、经济、科技、文化等众多领域，需要各国的通力合作；双碳目标的实现还关系到众多的行业及领域，需要平衡各方利益；双碳目标的实现能够很好应对气候变化，促进全人类的可持续发展。

积极合作采取措施应对气候变化，共同促进人类进步已成国际共识。为了人类命运共同体的可持续发展，越来越多的国家将实现低碳社会作为其发展的根本指引。通过实施双碳战略，不断调整适宜的应对气候变化的政策，推动新一轮的能源技术和产业革命，人类社会最终会实践出一条适宜全人类发展的低碳、绿色的新兴发展路径，实现人类共同进步。

（四）双碳目标关乎个人生活

社会运转需要能源，需要碳的支撑。我们的日常生活离不开碳，实现双碳目标需要全社会共同努力，需要全新的节能生活方式，减少日常的碳排放。因此，个人生活方式的优化改变成为推进双碳的重要条件。

气候变化和新冠肺炎疫情加速了人们生活方式的改变，低碳生活与生产方式也给人们带来了更多的选择，如共享办公、共享出行等。实际上，双碳不仅关乎能源供给和生产技术，还关乎人们的衣食住行等。可以说，日常生活都与碳相关，未来低碳生活方式应成为人们最终的一种生活方式和生活习惯。

低碳生活是一种绿色、环保、简约的生活方式。人们在日常生活中可以减少不必要的消费，倡导基于环保理念选购消费品；每一位公民还应该积极宣传双碳理念，影响身边的人，从自我做起，为双碳目标实现贡献力量。

四、碳达峰碳中和背景要义

看过科幻灾难片《后天》（The Day After Tomorrow）的朋友应该都不会忘记影片中那些惊心动魄的场面——由生态环境破坏、全球变暖、冰山融化引发的巨大灾难。影片中，美国气候学家在研究中指出，气候变暖正在引发地球的大灾难——北极冰川融化，这会让地球经历冰河时代的劫难。遗憾的是，他的提醒并没有引起人们的足够重视，一切显然都已经太晚：飓风、冰雹、洪水、冰山融化、极度严寒等一系列地球巨变引发了不可挽救的浩劫。尽管这是一部科幻片，却也是一部很好的警示片，警示人类要更加珍爱自然、保护环境、减少碳排放、应对气候变化，否则我们将没有未来。

全球气候变化是当今世界共同面临的严重生态危机，关系着人类的生存和发展。2022 年北京冬奥会是我国举办的迄今为止第一个“碳中和”冬奥会。那么，这届冬奥会是怎样实现碳中和的呢？一方面是减排，国家积极推动低碳项目建设，充分应用低碳技术，通过采用光风绿电、低碳场馆、低碳交通、低碳办公等低碳管理措施降低冬奥会的碳排放；另一方面是补偿，采用北京和张家口两地捐赠林业碳汇、国有企业赞助排放配额等方式中和、抵消冬奥会不得不排放的碳足迹，从而使北京冬奥会圆满实现了碳中和目标。

为了拯救我们自己，保护我们的地球村，人类必须齐心协力，构建人类命运共同体，坚持合作共赢，立即采取行动，减缓和适应气候变暖，这样才有光明的未来。作为一个负责任的发展中国家，中国提出力争 2030 年前实现碳达峰、2060 年前实现碳中和的宏伟目标，这是事关中华民族永续发展和构建人类命运共同体的需要，也是我国做出的重大战略决策。

（一）中国碳达峰碳中和战略的提出背景

碳达峰碳中和战略是我国统筹国内国际两个大局做出的重大战略决策，是着力解决资源环境约束突出问题、实现中华民族永续发展的必然选择，是构建人类命运共同体的庄严承诺。基于应对全球气候变化，我国碳达峰碳中和重大战略决策目标的提出，有着特定的科学、政治、经济和文化背景。

1. 科学背景

我国的碳达峰碳中和战略具有科学的背景和现实意义。

联合国政府间气候变化专门委员会（IPCC）发布了 6 次气候变化评估报告，确认气候变化是工业革命以来 200 多年间，人类过量使用化石燃料和毁林导致排放过多的温室气体而造成的气候灾难，气候变化的负面影响已经在全球显现，并造成严重危害。2019 年全球平均温度较工业化前水平高出约

1.1 ℃，是有完整气象观测记录以来的第二暖年，过去5年（2015—2019年）是有完整气象观测记录以来最暖的5年。20世纪80年代以来，每个连续10年都比前一个10年更暖。全球平均海平面呈加速上升的趋势，2019年为有卫星观测记录以来的最高值。①

我们的气候系统已不堪重负，可以说危在旦夕。如果各国不采取有效行动为地球降温，开展自我救赎，一旦我们的气候系统崩溃，人类将走向灭亡。在全球变暖的时代，我们深切感受到全人类同住地球村、同乘一条船，风雨同舟，生死与共，命运相连。为了拯救我们的家园，作为负责任的发展中大国，中国向世界各国做出承诺并吹响碳中和的冲锋号。

2. 政治背景

我国的碳达峰碳中和战略具有深刻的内涵和政治意义。

如今全球气候变暖已是不争的事实，发达国家以发展中国家在发展经济过程中对全球气候变化造成恶劣影响为由，要求发展中国家同发达国家一道参与全球温室气体减排行动，并制定强制约束目标，企图遏制发展中国家谋求发展的愿景，从而达到减轻自身温室气体减排压力的目的，逃避承担应该由其履行的减排责任。

中国身为发展中大国，在保证经济发展的同时，坚持“共同但有区别的责任”原则，支持国家自主贡献（NDC），破解气候变化难题，团结全球其他国家共同为守护地球、保护生态而努力。中国肩负大国的责任与担当，在发展中国家中率先提出了碳达峰碳中和的战略目标，打破了发达国家设置的环境政治壁垒，将中国未来的发展方向定义为高质量的绿色发展道路，早着眼、早布局、早实施，有着重要的战略意义！

3. 经济背景

2010年以来，中国已经成为世界第二大经济体，最近几年中国经济增长对世界经济增长的贡献率在30%以上，按照“共同但有区别的责任”原则，

① 中国气象局气候变化中心. 中国气候变化蓝皮书（2020）[M]. 北京：科学出版社，2020.

中国也应该承担起一定的温室气体减排责任。为应对气候变化、主动承担责任，我国的经济体系正在向绿色低碳循环发展转型。根据《关于加快建立健全绿色低碳循环发展经济体系的指导意见》（以下简称《绿色低碳意见》），我国力图全方位、全过程推进绿色规划、绿色生产、绿色生活等，同时在经济向绿色低碳转型的过程中要确保实现碳达峰碳中和目标。建立健全绿色低碳循环发展经济体系是一项全局性、系统性工程，关乎经济社会的各个方面。该体系将带动全产业链向绿色低碳转型，将创造中国经济的高质量发展，缔造中国经济的新一轮腾飞。这同样也是激活发展新动能的一条路径、一种方法、一套思路。

4. 文化背景

伴随经济的快速发展，人们的物质生活和精神生活都得到了极大丰富。相较于过去人们只关心生存环境，现在的人们更加关注生态环境，提倡人与自然和谐共生，并愿意将凝练的先进思想和创造的优秀文明与世界各族人民交流分享。

中国提出碳达峰碳中和战略目标，并不是向世界宣传，做给别人看，而是要将这个目标落实，让世界因我们变得更加生机盎然、更加青春、更有活力、更加美好、更加团结。

（二）碳达峰碳中和战略相关科学内涵

峰值：IPCC 在第四次评估报告中将其定义为“在排放量降低之前达到的最高值”。

实现碳达峰意味着一个国家或地区的经济社会发展与二氧化碳排放实现“脱钩”，即经济增长不再以增加碳排放为代价。因此，碳达峰被认为是一个经济体绿色低碳转型过程中的标志性事件。

根据 IPCC 的定义，碳中和是指在规定的时期内，二氧化碳的人为排放与人为清除之间正负抵消，吸收量（清除量）等于排放量，从而达到碳平衡。人为排放是指人类活动造成的二氧化碳排放，包括化石燃料燃烧、工业过程、农业及土地利用活动排放等。人为清除是指人类从大气中清除二氧化碳，包括造林增加碳汇、碳捕集与封存（CCS）技术等。

换言之，碳中和是指一个国家、地区、企业、机构在一定时间内人为的碳排放量与通过植树造林、碳捕集与封存技术等人为吸收汇之间达到平衡的状态。通俗地说，碳中和就是实现二氧化碳的净零排放。例如，一次会议排放了 100 吨二氧化碳，就可以用 100 吨林业碳汇或购买 100 吨碳信用进行中和，正负抵消，从而达到这次会议碳中和或净零碳排放的目的。

（三）中国碳达峰碳中和战略的深远影响

实现碳达峰碳中和是一场广泛而深刻的经济社会系统性变革，意义重大、影响深远。我们必须高度重视，深入正确领会，认真抓好贯彻落实。

1. 生态文明建设的历史任务

对于整个经济社会而言，碳达峰碳中和的实现是一场深刻而广泛的全局性、系统性变革，它已被纳入生态文明建设总体布局。

生态文明建设是“五位一体”总体布局和“四个全面”战略布局的重要内容，也是建设美丽中国的重要组成部分。贯彻落实碳达峰碳中和战略，对“十四五”期间乃至 2035 年、21 世纪中叶对经济社会发展进行系统而全面的布局同样重要。

中国勇于承担时代赋予的责任和使命，积极应对气候变化，以顶层设计推动碳达峰碳中和的政策和行动。一方面，通过“降耗减排”的方式积极推动供给侧结构性改革，让传统产业积极调整旧的结构和方式，实现旧动能向新动能的转换；另一方面，面向未来，通过新发展理念的引领，努力构建生态、低碳、绿色的现代化产业体系。中国站在国际视角，承诺实现碳达峰碳中和目标，在建设清洁美丽世界和宜居国家的同时，推动应对全球气候变化行动，为构建人与自然和谐共生展现大国的责任担当，这充分证明中国高质量绿色发展的目标和执行力，极大增强了中国在全球气候治理方面的主动性和号召力，有助于推动和引领国际社会加快应对气候变化，在整体上推动和促进全球生态文明建设。

2. 助推中国绿色低碳循环发展

在实现社会主义现代化强国建设的新征程中，我们需要总结众多发达国家先高碳后低碳、先发展后减碳的教训，走出一条以低碳建设为重点的发展道路。

《绿色低碳意见》的提出正值“十四五”开局之年，系我国高规格发布构建绿色低碳循环发展经济体系的纲领性文件，对各地区和各部门准确把握发展新阶段、全面贯彻新发展理念、加快构建新发展格局、为经济发展加快注入绿色新动能具有重要意义。为早日实现碳达峰碳中和这两大重要战略决策，《绿色低碳意见》要求将发展建立在资源的高效利用、温室气体排放的有效控制及生态环境的严格保护基础上。

从本质上讲，推动经济社会发展与碳排放逐步“分离”，就可以实现碳达峰碳中和这两大战略目标。要实现“无缝”分离，就必须将高质量发展作为主题，深化供给侧结构性改革，以此实现经济体系的全面绿色升级。只有这些目标得以实现，才能抓住碳达峰碳中和的“命门”，才能真正实现碳达峰碳中和战略目标，保证我国的生态文明建设。换言之，只有实现经济社会的全面绿色升级，在可持续发展的道路上持续迈进，才能真正推进碳达峰碳中和战略目标的实现。

与此同时，消费体系和能源生产的绿色转型升级对碳达峰碳中和战略目标的实现有着决定性作用。构建安全高效、清洁低碳的能源系统是实现碳达峰碳中和战略目标的必由之路，也是构建绿色低碳循环发展体系的重要组成部分。因此，我国要支持节能优先，降低整体能耗，提高能耗强度，实现“双控”系统。同时，积极并全力发展可再生能源，提高其利用比例，加大可再生资源的利用效率，建立健全清洁能源消纳长效机制，推动能源系统全产业链向低碳方向转型升级。

对于气候变化问题，全世界当前走在一条不可持续发展的道路上。我国如果要在2060年前完成碳中和的伟大目标，必须进行根本性的技术变革和能源革命，其中可再生能源是核心支柱。

此外，我国在政策创新与科技创新方面给予的重视和大力扶持，对于实现碳达峰碳中和目标也是极其重要的。一方面，要以市场为导向，扶持绿色低碳技术研发，对绿色技术创新体系进行战略性部署，进一步改进有关法律法规政策体系，促进科技成果的快速转化和投放应用。因此，需要深度完善减碳基础理论和关键技术，进一步推动节能减碳，如应对规模化储能、二氧化碳捕集与封存等，实现用好新技术、新模式、新业态的“三新”模式。另一方面，要坚定维护绿色保险、绿色信贷、绿色债券的主体地位，推动绿色产业和绿色金融之间的深度融合、互助互赢。寻求在区块链、云计算、数字孪生体等信息技术领域的突破，提高其在碳排放监管、碳排放源锁定、碳排放预测、碳排放预警及碳排放数据分析等场景应用中的利用率，提升数字化减碳能力。同样，还要推动合同能源管理、环境托管、环境污染第三方治理等服务模式的创新发展，进一步完善有利于绿色低碳发展的价格、金融、财税等经济政策。加快全国用能权、碳排放权交易市场的建设，进一步推动形成更精准、更有效的有利于碳达峰碳中和的市场预期。

（四）中国碳达峰碳中和战略的重大意义

实现碳达峰碳中和战略目标可以引领我国及时实施低碳转型，以低碳创新推动可持续发展，社会文明形态将逐步由工业文明进入生态文明。碳达峰碳中和战略目标也将倒逼产业结构调整，及时抑制发展高耗能产业的冲动，推动战略性新兴产业、高技术产业、现代服务业进步，拉动巨量的绿色金融投资，带来新经济增长点和新就业机会，支撑高质量发展。

实施碳达峰碳中和战略是我国生态文明建设的战略举措。这一战略目标是硬性指标，是国家开展能源革命、治理环境污染、减少温室气体排放、建设生态文明和美丽中国、推动我国经济持续高质量发展、实现中华民族永续发展的内在要求。特别是，实施碳达峰碳中和战略，实施能源革命，不仅有利于国家加快构建清洁低碳、安全高效的能源体系，维护国家能源安全，还有利于国家低碳技术与新能源技术的升级换代和新能源产业潜力优势的充分发挥，从而促进国际能源新标准和能源产业链条的建设完善。中国积极推进碳达峰碳中和战略将给全球带来重要的绿色低碳经济发展机会。我国做出碳达峰碳中和战略决策，既体现了国际应对气候变化的“共同但有区别的责任原则”和基于发展阶段的原则，又体现了发展中大国的责任和担当，对推进全球气候治理新制度《巴黎协定》的深入贯彻落实、应对全球气候变化、拯救地球家园、挽救人类自己、建设地球村命运共同体意义重大，影响深远。

五、双碳目标的文化建构

人类社会发展中的几次工业革命虽然极大地提高了社会生产力，但同时也破坏了自然界碳循环平衡系统，人类不得不面临生态环境恶化、气候变暖等多重危机。随着双碳目标的逐步推进，双碳文化在生态文明建设中的引导作用亦日益凸显。双碳文化作为重要的精神力量，是我国文化软实力发展的重要标志。它有利于我国在生态文明发展中抢占文化先机，掌握“双碳”文化主动权和话语权。构建“双碳”文化的根本目的是为生态文明建设的推进形成共同的思想基础和精神支柱。

一定的文化（当作观念形态的文化）是一定社会政治和经济的反映，又给予伟大影响和作用于一定社会的政治和经济。“双碳”文化是社会存在的反映，任何一种文化都不可能是无源之水，无本之木，总是有其特定的底色和脉络。“双碳”文化是反映现实的高级精神生活，是人们对美好生态环境的要求、理想和愿望，是人们对自然和自己的思考。“双碳”文化是“双碳”生活方式和“双碳”生活理念的提炼。与属于“双碳”文化产品相关的“双碳”技术、“双碳”能源等在场的有形的东西相比，无形的“双碳”文化显得更为重要。“双碳”文化的培育，可以使中国生态文明的发展进入到复杂、多维的文化利益场景，并一展身手。

（一）“双碳”理念的形塑

实现“双碳”目标，是党中央分析国际国内局势后做出的重大战略决策。

我们需要统一思想和认识，把战略决策落实到位。但在构建“双碳”理念时，我们必须确立相应的理论体系。我国已经进入新的发展阶段，“双碳”工作的推进迫在眉睫；技术革新、经济结构转型升级迫在眉睫；人们对优美生态环境的需求日益强烈，人与自然和谐共生的需要特别强烈；大国责任担当，推动构建人类命运共同体的责任迫在眉睫。“双碳”理念的构建，除了对传统理念和过去的行为反思外，还需要国家在新发展理论、绿色低碳发展道路、经济社会绿色转型、能源结构调整等方面创新，最终形成科学的“双碳”理论。通过政策衔接建构“双碳”知识理论体系与行为规范体系，并制定相应的“双碳”理念宣传策略，让人们自觉形成“双碳”行动。“双碳”理论是我国抛弃传统工业发展模式，实现人与自然和谐共生的现代化和经济社会发展全面绿色转型的必然选择。“双碳”目标的达成，需要的是整个社会自上而下的共同努力。

把“双碳”目标纳入生态文明建设整体布局，是我国应对气候变化构建人与自然命运共同体的担当，更是彰显了我国绿色低碳发展的战略自信。马克思说：“全部社会生活在本质上是实践的。”从历史唯物主义角度看人类的生产方式和生活方式，必须依靠煤炭、森林等生产资料和空气、水、土地等生活资料。“双碳”理念的形成必须同生产方式、生活方式和能源方式结合，建立起人与自然、生产与消费、物质与精神协调的社会文明。

（二）“双碳”价值观

1.“双碳”价值观的核心内涵

文化的核心是价值观。“双碳”文化是有效解决人和自然之间矛盾的锐利思想武器，为我们社会全面发展提供思想保证。“双碳”价值观是人们对“双碳”价值目标追求、“双碳”价值取向、“双碳”价值选择，以及“双碳”评价标准、评价原则和方法、“双碳”价值创造等一系列观点的综合。具体而言，是人们对待自然环境应该做什么和不应该做什么，反对做什么和支持做什么，区分正误、好坏、主次、对错、善恶、美丑的界限。“双碳”价值观对人们的环保行为起着规范和导向作用。“双碳”价值观一方面表现为“双碳”价值取向和“双碳”价值追求，凝结为一定的“双碳”价值目标；另一方面表现为“双碳”价值尺度和准则，要求以生态状况及利用质量作为评价人类经济、社会、生活等活动和事物的尺度。“双碳”价值目标一旦建立，全民族就有了奋斗的精神纽带，统一的意志力、行动力、凝聚力和向心力。“双碳”价值观的核心内容是人性中利己与利他、利现在与利将来关系的抉择，它反映着一定社会的经济政治状况，发挥着批判现实的功能，影响着未来社会的发展方向。“双碳”文化为生态文明的发展指明变革的方向并保证社会主义社会沿着正确方向前行。“双碳”文化的认同是凝聚社会力量建设生态文明的前提。文化通过核心价值观来教化社会全体成员，规范人们的行为。“双碳”价值观明确了中国的生态文明建设到底在追求什么、不支持什么，应该朝着什么方向走，不应该朝着什么方向走。

2. “双碳”价值观的价值彰显

“双碳”价值观的提出是对二氧化碳排放过量而造成严重生态危机的反思，是对传统工业文明中发展理念、发展格局和发展方式的根本变革。从根本上来说，一个国家的“双碳”文化，取决于其“双碳”价值观的生命力、凝聚力和感召力。“双碳”价值观建立在社会需求基础上，反作用于社会实践，决定国家或个体的行为目标及态度。“双碳”价值观的形成并不是一蹴而就，往往要经过人们在相互交往中逐步形成，在相互影响中得到提升。

“双碳”文化不仅是我国综合国力竞争的重要因素，还是生态文明发展的重要支撑，更是争夺绿色发展制高点和道义制高点的关键所在。“双碳”文化的竞争，本质上是“双碳”价值观的竞争。建构“双碳”价值观，有利于增进国际社会对中国绿色行动的理解，不断扩大中国“双碳”文化的国际影响力，生动展示中国在国际上的良好形象，掌握生态文明建设的话语权和全球环境治理体系的主动权。传统发展模式所持的价值观强调物质和经济，从而导致一些地方为了发展经济而不考虑自然界的承受力。“双碳”目标的实现固然需要科技和资金等外部手段，但这些手段的使用方向最终是由人们的价值观念所决定的。

（三）“双碳”行为规范

在“双碳”理念和“双碳”价值观指导下人们的行为自然就是“双碳”行为。就现实而言，这是一种理想状况。当人们的自觉行为不足时，我们需要用法律、政策和道德来调控和规范人们的行为及关系。“双碳”行为规范固然是以“双碳”理念和“双碳”价值观为思想基础，但也离不开社会经济、政治、文化等方面的现实土壤。

1. 完善“双碳”法律体系

保护生态环境必须依靠法治，生态保护中有些问题是与法律不健全、立法不完善、执法不严格、惩罚不得力和法治不严密有关的。刚性的法律在“双碳”文化中必须树立起来，让制度规范成为有牙齿的老虎。“双碳”专门法律在国家法律体系中尚属空白。建构“双碳”法律体系，首先，从国内来讲，重点是解决好法律内部规则的协同，法治体系与国家治理体系的协调一致。完善的“双碳”法律体系应该以宪法为核心，由行政法规、地方性法规为主体，以规章为补充，内容涉及碳排放总量与目标控制、强制与自愿减排、产能置换、碳排放交易、碳基金、碳税费征缴等领域。用法治保障“双碳”目标的实现需要完善的法律体系。其次，要考虑“双碳”法律制度与党内法规、社会规范体系、道德规范体系之间如何协同。厘清实现“双碳”过程中政府、市场、企业和公众之间的权利与义务关系，形成多主体参与、全方位覆盖、全过程协调的机制。再次，从国际上来讲，重点是推进“双碳”领域的国际法规的制定，建设国际法治体系和维护以国际法为基础的国际秩序，承担与自身能力相符的国际义务，平衡世界各国间的利益，发挥实现在“双碳”领域的引领作用，为全球人民提供中国智慧与中国方案。用法治手段保障“双碳”目标的实现，需要将“双碳”战略目标纳入宪法和法律的领域，由立法机关制定相关法律。最后，需要修改完善我国现行法律规定，把碳减排管理与污染防治、自然资源保护协同立法。把二氧化碳作为污染物列入《中华人民共和国环境保护法》的范畴；将实现“双碳”目标纳入《中华人民共和国节约能源法》《中华人民共和国煤炭法》《中华人民共和国森林法》《中华人民共和国建筑法》等专门法律之中，使碳减排工作与立法、司法和执法工作相互衔接和相互支持，从而形成实现“双碳”的法律协同效应。

2. 健全“双碳”政策体系

“双碳”政策是国家行政机关为了实现“双碳”目标与社会的整体发展而制定的指导原则。党中央从顶层设计上构建党政职能部门和各级地方政府的工作规划。“双碳”政策是“双碳”经济与社会发展的行动纲领，反映着国家利益。国家一般以权威形式规定在一定的历史条件下，应该实现的“双碳”发展目标，统一遵循的“双碳”行动原则，需要完成的“双碳”任务，以及采取的一般步骤和具体措施。我国“双碳”1 + N 政策体系如今已基本构建完成。“1”即中央级的指导性方针政策，“N”即部门级和地方级的操作性政策，“1 + N”将形成系统集成、协同高效的“双碳”工作政策体系。一方面，将“双碳”工作嵌入五大建设全过程，贯通“五位一体”总体布局的全领域，以便最大限度地凝聚共识和力量；另一方面，强化中央级规划与地方政府各级规划的衔接协调和支撑保障，确保全方位落实“双碳”的主要目标、发展方向、重大政策、重大工程时协调一致。“双碳”政策的一个优势就是短期行动执行快，通过行政手段由上而下、层层分解任务，让“双碳”思想和行动的氛围很快营造起来。

为保证“双碳”路线、方针及政策的实施和落地，各相关部门应该制定涉及金融、税收、财政、科技等方面的配套政策。已启动的全国碳交易市场，将逐步推进强制性减排和配额交易制度，落实减排主体责任和新能源消纳责任。加大推进绿色贷款、绿色基金、绿色证券和创新型碳金融产品力度，引导金融机构完善差异化融资支持政策和市场化绿色投资激励约束机制的同时，通过金融工具调动全民的“金融剩余”为“双碳”目标实现提供支持，从而形成全民共识与全民运动。

3. 规范“双碳”道德体系

作为特殊意识形态的道德，是提升国家治理效能的重要因素，为制度设计提供价值导向，对个人和社会都具有基础性的意义。“双碳”道德必须从中国实际出发来认识和把握。人类社会的实际情况是：“物质生活的生产方式制约着整个社会生活、政治生活和精神生活的过程”。随着实践的逐步深入，人与人之间的劳动关系日益明确，人与人、人与社会之间的利益关系逐渐清晰，“双碳”道德中涉及的自由和责任将逐步得到确认。随着社会关系的发展，“双碳”道德也逐步在发展。个人利益、社会利益和国家利益的边界越来越清晰，想要解决利益冲突的意识特别强烈。“双碳”道德正是为了适应当前的社会关系和调节利益关系而产生的。“双碳”道德是社会利益关系的特殊调节方式。它依靠社会舆论、传统习俗和内心信念对人与人、人与社会、人与自然间的关系进行调整。它是人们在实践中逐渐积累形成的要求、秩序和理想。“双碳”道德不仅代表着社会的正面价值取向，而且起着判断行为正当与否的作用，它明确告诉人们在实践中能够做什么，不能够做什么，以及提倡什么，反对什么，以此引导企事业单位和社会公众的社会行为符合“双碳”发展的要求。“双碳”道德最终是为了指导人的行为，帮助人们形成正确的行为方式，在本质上是知行合一的。“双碳”道德运用善恶、荣辱、责任、良心、美丑等范畴，反映生态实践活动，为人们的行为选择提供指南。“双碳”道德不仅反映先进生产力发展要求，而且还反映着进步阶级的利益，对新时代产生正向的推动作用。这种精神力量持久深入地影响着人们的意志、行为和社会的存在发展。“双碳”道德只有落实到人们日常的道德品质和道德行为上，才能发挥应有的作用。“双碳”道德的养成不仅靠外在的教化，更要靠道德主体内心的自觉、道德义务和责任。这意味着“双碳道德”的价值根基在于人本身而不是其他。

第二节 双碳目标下的网络数字化技术概述

一、数字化技术在实现双碳目标中的重要性

随着互联网技术的蓬勃发展和各行各业信息化和数字化的不断提升，数字经济已经渗透到了各行各业以及人们的生活之中。从生产关系到消费模式，数字化的重构和变革都在无时无刻地发生。而在碳达峰与碳中和的时代背景下，实现生产效率的提升和全面节能降碳，更离不开依托数字技术的科技创新、产业升级和绿色生活方式的普及。

碳达峰与碳中和的目标很清晰，但是现实很残酷。我国单位 GDP 能耗高于世界平均水平。国家能源局的《立足国情统筹降碳与能源安全》报告显示，煤炭在一次能源中占比达到57%，严重制约 GDP 绿色增长；能源电力按计划性方式建设，尖峰缺口总和达 2500 万千瓦研究员时璟丽强调：从行业来看，风电光伏要从现有的 4 亿千瓦装机上升到 12 亿千瓦，而弃风弃光现象还时有发生，新能源消纳能力也有待提升；钱智民同志在 2020 年全球智慧能源高峰论坛中表示：交通能耗占全行业 29%，但交通电气化仅达 1.3%，电动汽车还有很大发展空间。因此，这里出现了两个矛盾：一是经济发展与碳排放的矛盾，国家要保证 GDP 6% 的增速，而同时要通过节能减排调整产业结构实现降碳，这两个诉求在现阶段是存在矛盾的；二是能源产业由二元发展向多元发展的矛盾，以电力行业为例，之前是发电在源头、消费在末端，产供销链路很清晰。但随着分布式能源的高速发展，发电也可以出现在消费侧，那么在消费侧就有了供应、交易、运营，整个链路由二元向多元变化，面对无序开放的市场，必须依靠科技和数字化来有效引导和服务，助力经济发展和产业升级。

(一) 数字化进程是社会高质量发展的必然选择

数字化改革是我国立足新发展阶段、贯彻新发展理念、构建新发展格局的重大战略举措，是全面深化改革的总抓手。新一代数字技术不仅对企业传统的生产方式和管理体系产生了巨大冲击，而且更深刻地改变了社会资源的配置方式和社会组织的运行模式。新一轮的科技革命方兴未艾，世界经济格局也将因此经历重新洗牌，中国各大互联网企业在新的信息技术的支持下会找准数字化改革的前行路径，推动数字化改革行稳致远。数字化改革是一项复杂的系统工程，涉及多个部门的同步改革，既是一片可以自由创作的广阔天地，又是一片攻坚克难的“无人区”，其离不开顶层设计和基层探索双向发力的改革规律。

从现实情况来看，一部分人并没有意识到数字化改革的深刻内涵，没有从深层次理解数字化改革的价值意义，只是简单地认为将各种活动和行为从“线下搬到线上”。目前不少核心行业的运行还局限于传统的工作模式、思维方式，没有准确找到改革的切入点和突破点，导致改革方向、推进方式、整体思路均不成熟。因此，多领域的协同合作，跨部门的资源整合对充分调动各方资源和力量，深入挖掘各行业的内在优势具有重要意义。各核心企业要集中精力、凝聚合力、善于借力、持续发力，为推动数字化改革提质增效。

1. 什么是数字化

数字化指的是把数据转换成用 0 和 1 表示的计算机可以识别的二进制码。数据可以是连续的值，比如声音、图像，称为模拟数据。也可以是离散的，如符号、文字，称为数字数据。“数据化”是指一种把现象转变为可制表分析的量化形式的过程。当前，数字化时代已经到来，耳熟能详的大数据、5G 技术、云计算、物联网、区块链都是数字化时代中的基础建设。大数据是数字化时代生产最为重要的能源，是做出智能化的处理和决策的前提。传统的数据计算、存储方式都是依托于部署在本地的 CPU、内存来进行的，虽然安全性很高，但是算力、存储的局限性带来了诸多不便，而云计算则可以将数据在云端进行处理，分布式算法、虚拟资源等可以极大节省计算资源。提到5G技术，可能最先想到的是网速，除此之外，对于普通用户来说可能影响不大，但它却是数字化过程中的重要环节。高速率、低时延、大容量等能使数据在超高密度情况下进行高速传输，信号中断可能会损失重要的数据从而对分析产生不利的影响，这个问题的解决就要依赖于5G技术。数据获取以及处理之后做出相应的决策再反馈、各个单元之间的自动调节及配合都可以基于物联网的互通互联，实现多个部门的信息交换和通信。数据涉及多个维度，来源广泛，并且需要传输到云端，在此过程中很有可能会有安全隐患，为解决这一问题，区块链技术应运而生。区块链是一个分布式的共享账本和数据库，具有去中心化、不可篡改、全程留痕、可追溯、集体维护、公开透明等特点。这些特点保证了区块链的“诚实”与“透明”，能够加强信息的安全性。

运用云计算、大数据、物联网等先进数字化技术，归集企业从生产到服务过程中的全部数据，形成碳排放数据资产，为日常监管提供“数字指向标”，为实现碳排放预期目标进行合理决策提供科学依据。

2. 数字化改革释放新活力

碳达峰碳中和是我国为响应全球应对气候变化政策积极做出的战略目标，这对我国的绿色发展、大国担当提出了新的时代要求，该目标也充分体现了中国共产党的忧患意识。虽然前路仍有不可避免的困难和挑战，但自目标明确以来，党中央和政府提出了阶段性、有规划的决策方案，这对按时实现“双碳”目标具有十分重要的指导意义。2017年国务院从战略顶层提出《新一代人工智能发展规划的通知》，到2030年，人工智能理论、技术与应用总体达到世界领先水平，我国成为世界主要人工智能创新中心。在人工智能的三大基石中，数据是其中一个重要资源。2020年3月中共中央、国务院印发《关于构建更加完善的要素市场化配置体制机制的意见》提出了要加快培育数据要素市场。2020年4月国家发展改革委、国家网信办印发《关于推进“上云用数赋智”行动培育新经济发展实施方案》提出加快数字产业化和产业数字化，培育新经济发展。2020年4月工业和信息化部办公厅印发《中小企业数字化赋能专项行动方案》提出企业数字化行动方案，以数字化、网络化、智能化赋能中小企业。2020 年 9 月份国资委印发《关于加快推进国有企业数字化转型工作的通知》，国资委将与有关部门和地方政府加强沟通联系，营造赋能企业数字化转型的政策环境，进一步明确央企国企和地方国有企业等国资背景的企业实施数字化转型的路径与方向。《第十四个五年规划和二〇三五年远景目标的建议》明确要加快数字化发展，并将数字化转型作为五年规划和远景目标写入报告。

数字化改革是顺应时代潮流发展的必然选择，是中国推进治理现代化和以新一代信息技术为代表的科技革命的发展要求。第三次浪潮的信息社会与前两次浪潮的农业社会和工业社会最大的区别，就是将重心从体能和机械能转移到智能。信息化虽然实现了数据的有效利用，但并未实现部门间数据的整合和集成，数字化则能全线打通数据融合，进行跨部门信息流通，为业务赋能，为决策提供精准洞察。不光是生产过程、业务流程要数字化，设备、产品、资源、决策体系都要数字化。以往的信息化也有很多数据，但数据都分散在不同的系统里，随着大数据技术的发展，数据的价值才得到了充分的体现。数字化改革将重新定义企业的科学决策、管理模式，也将驱动企业进行理念创新、技术创新，全方位、系统性的变革会对实现碳中和的目标增加更多动力。

大数据推动碳中和的精准化，实现了对碳中和全过程的精准掌握，并预测碳减排的趋势，能够针对不同问题进行实时分析，并对减排成果进行成效评估。企业碳减排决策范式呈现出数据驱动的全景式特征，能直接针对问题追溯源头，借助多维数据整合实现。数字化流程助力碳中和工作的高效化，从根本上改造碳中和监测方式，通过数据采集、共享、处理、反馈，企业和相关主体可以解析碳中和工作的进程，并通过相关技术的创新与适配，打造“由外而内”的问题发现模式，实现高效减排。现今是一个大技术不断涌现的时代，云计算、大数据、物联网、区块链、5G 新一代信息技术逐步改变着我们的生活，科技创新能力的边界不断被拓展，一个个关键性课题取得了重大突破，绿色发展和科技革命从来不是不可交融的，数字化改革在碳中和领域的全新融合带来的将会是人类社会全方位的发展和进步。

《“十四五”数字经济发展规划》提出，到2025年，数字经济迈向全面扩展期，数字经济核心产业增加值占GDP比重达到10%，数字化创新引领发展能力大幅提升，智能化水平明显提升，数字技术与实体经济融合取得显著成效，数字经济治理体系更加完善，我国数字经济竞争力和影响力稳步提升。

3. 完善政策促进数字化减排

在我国明确“双碳”目标愿景的同时，也加速推进数字经济发展，助推中国由制造大国向制造强国的转变。因此，数字经济战略与实现碳达峰、碳中和目标相得益彰，两者紧密结合，相互促进，为推动中国及世界工业和能源产业的可持续健康发展助力。

（二）数字政府让决策更加科学

以互联网为代表的数字经济转型正在加快资源整合速度，引领全球经济发展。数字技术的蓬勃发展为全球和中国的碳减排和碳中和目标的实现提供了巨大的动力。中国对碳达峰碳中和的承诺，体现了中国作为全球生态文明建设的参与者、贡献者和引领者的决心和魄力。实现碳中和是我国实现可持续发展、高质量发展的内在要求，是事关中华民族永续发展和构建人类命运共同体的重大战略决策。碳中和目标的实现表象上是对生态环境的保护，实质还是发展问题，所以现在应对气候变化的内涵是发展与保护深度融合，在发展中保护，在保护中发展。这意味着发展的绿色化、低碳化程度越来越高，环境保护在发展中的地位越来越重要。顶层设计与落地实施的紧密衔接，监管与问责的制度强化，数据流通与协同的多效融合都是政府在碳中和领域的工作重点。数字技术将是政府实现智能化、平台化的有力工具，将为这些工作的高效实施保驾护航。

1. 数字政府实现高效决策

政府是几乎所有经济活动、社会活动的监管者，因此相比企业和个人，政府所掌握的数据资源最大，价值也最高。尚没有任何一个主体能够在数据产生之初就能全面预见其可能蕴含的价值。数据的价值挖掘不能依靠预先设计和计划，而必须通过不同主体多元尝试、渐进摸索。因此，为了实现最大化地利用和挖掘数据价值，就应该让数据充分流动起来，让不同的主体能根据自己掌握的信息进行分散化、多元化的尝试。在此过程中每个主体应该最大化数据的价值，向政府提供高质量的信息资源，从而提高决策水平。

2. 数字政府的顶层设计与基础设施建设

推动减污降碳协同增效是党中央在生态文明建设和绿色发展全局的高度上所提出的新使命、新战略。“十四五”污染防治攻坚战必须既减污、又降碳，两手都要抓、两手都要硬。党的十八大以来，包含减污在内的生态文明建设已是国家推进中国特色社会主义事业“五位一体”总体布局中不可或缺的组成部分。另外，《大气污染防治法》已明确要求“对颗粒物、二氧化硫、氮氧化物、挥发性有机物、氨等大气污染物和温室气体实施协同控制”。国务院发布的《打赢蓝天保卫战三年行动计划》《“十三五”控制温室气体排放工作方案》等文件也都提出了协同控制温室气体排放的目标。“十四五”空气质量全面改善行动计划等一系列专项规划也正在筹备中，国家在政策层面的努力是有目共睹的，未来也会根据发展趋势及时微调碳中和的实时路线图。同时，在实际减排行动中，政府也要起到统领全局的作用，不能全国减排方式、任务“一盘棋”。政府分解落实减排任务，引导各省市积极探索适合本地区的低碳绿色发展模式和发展路径，建立以低碳为特征的工业、能源、建筑、交通等产业体系和低碳生活方式，是促进低碳数字经济更好更快发展的有力支撑。

数字减排是一个兼具整体性和复杂性的庞大系统，多个产业都可以直接享受数字化带来的减排福利，而且还会产生相互之间的影响效应。如，降低数字产业自身碳排放的“直接效应”，推动其他产业减少碳排放的“间接效应”，以及通过构建碳市场等产生的“补充效应”。“间接效应”和“补充效应”相当于数字减排的附加成果，政府可以根据各个企业的数字碳资产掌握企业的生产、经营过程中碳的排放量，从而为管理提供科学的数据基础。除此之外，数字化在碳监测行业也发挥着巨大效用。碳达峰碳中和目标下，政府搭建的碳市场成为促进减少碳排放的重要平台，快速、准确度量排放主体的碳排放量不仅需要使用正确的方法，还需要准确地监测污染物排放量。依托广泛的碳监测数据建立信息平台，对不同区域、主体的碳排放动态数据进行分析，跟踪碳排放变动趋势，验证数据的可靠性，将成为解决碳排放制度建设中重点难点的一个有力措施。生态环境部表示："在顶层设计方面，要在谋划深入打好污染防治攻坚战的同时，抓紧制定2030年前碳排放、碳达峰行动方案，突出把降碳作为源头治理的'牛鼻子'，统筹谋划一批推动经济、能源、产业等绿色低碳转型发展的重点任务和重大工程。同时，要聚焦重点领域和行业，加强源头治理、系统治理、整体治理。加快推动产业结构转型升级，严格控制高耗能、高排放项目建设。建设清洁低碳能源体系，把发展非化石能源、削减化石能源消费量作为治本之策。此外，要强化工作统筹，统一政策规划标准制定、统一监测评估、统一监督执法、统一督察问责，为实现减污降碳协同效应提供支撑保障。"

3. 监管有态度，违规零容忍

碳排放交易是运用市场经济来促进环境保护的重要机制，碳排放交易所是重要的新基建设施，在全国碳排放的控制和调节方面起着重要作用。近年来，碳排放交易逐渐成为一个新的市场经济活动，其场所的建设也在逐步推进和完善，在此基础上对碳减排的效应也是日渐明显的。研究发现，碳排放权交易政策对试点城市碳排放强度的降低具有显著而持续的推动作用。2020年底，生态环境部出台了《碳排放权交易管理办法（试行）》，对碳市场交易主体的条件、交易产品、交易方式、各参与方权利和义务等做出了规定。2021年以来，又陆续发布企业温室气体排放核算方法与报告指南、核查指南以及碳排放权登记、交易、结算管理规则等一系列文件，这些制度性文件带有强制性和规范性，让经营主体在市场运行管理的各个环节都有"法"可依。颁布的碳排放权登记、交易、结算三个管理规则，分别在登记、交易、结算活动各环节明确了监管主体和责任，而且对监管内容进行了详细的说明。精细化监管覆盖了碳市场流程的各个环节，有效地防止了交易过程中的违法行为，政府的监管是在努力保护各方交易主体的合法权益，维护整个市场秩序和公平。

数字化时代，政府的服务功能也全面升级，智能化平台收集多方碳数据，资源化管理摸清碳排放。在此基础上，政府优化顶层设计，形成我国低碳发展的新格局。在市场经济体制下，市场是配置资源和调节经济的主要手段，碳交易市场也不例外，市场这只“看不见的手”在引导企业经营、促进经济发展中具有重要作用，政府这只“看得见的手”在宏观调控方面也起到了必不可少的作用。同时，交易过程中的每个环节都可能存在隐患，政府的监管对加强市场参与主体以及生态环境系统的碳市场相关能力建设至关重要，市场参与主体不光要懂制度、守制度，更要用好制度。其次，政府对市场各参与主体严格按照相关制度规定开展业务进行指导监督、多部门对碳市场运行各个环节的联合监管将有效保证各方交易主体的合法权益，营造一个健康、和谐的交易环境。

（三）数字企业节能减排，推动低碳绿色生产

能源和数字化是企业生存的两大关键法宝，能源革命正在与数字革命走向深度融合，数字化已经成为能源领域实现高质量发展的重要途径和必然选择。为实现碳中和目标，企业的内部改革是不可避免的，以产业数字化带动低碳转型是最直接的方式，也是最可行的路径。

1. 开启企业低碳发展之路

2021 年 5 月 18 日，在施耐德电气 2021“推动可持续 · 加速数字化”云端创新峰会上，施耐德电气高级副总裁熊宜解读了在“双碳”背景下，企业如何寻求效率与可持续发展之间的平衡。通过在百余家头部企业中的调研显示，大部分企业对碳中和的目标持积极态度，更有过半企业希望成为行业碳减排模范。其中有些企业已经将碳中和目标列入了企业发展规划中。2020 年

提出碳中和目标，优先企业已经开始发力，较强的执行力让这些企业一直走在行业的前部。虽然企业有决心也有信心完成低碳转型，为建设社会主义生态文明和绿色经济做出贡献，但仍有些问题是依靠自身无法解决的。《每日经济新闻》记者梳理数据发现，在推动低碳目标规划的过程中，近八成企业需要外部协作。其中，政策和伙伴协作是企业减碳过程中最需要的支持。不只是这两方面的协助，政策和企业低碳目标方面的咨询、企业低碳目标规划咨询、碳排放量及披露相关的咨询等信息也是企业转型过程中的重点。技术和创新是企业迈向碳中和的关键动力，数字化不仅提供了能源消费衡量和分析的基础，且通过各种系统融合，促进效率的提升和新能源的发展，进而推进碳中和目标的实现。综上所述，企业为实现能源转型和数字化信息管理不是一朝一夕就可以完成的，通过集中精力部署顶层规划、战略性地增强信息管理能力、有的放矢地利用外部资源，才能始终保持竞争力，从而做到长远的可持续发展。

碳达峰碳中和目标一经提出，国电投、宝武钢铁、大唐、华电纷纷表示力争提前实现碳达峰，将时间线提前到了 2023 年或者 2025 年，三峡集团与宝钢则将碳中和目标设置在 2040 年与 2050 年。中国工商银行、中国建设银行、兴业银行、中信银行以及农业银行纷纷宣布将承销首批“碳中和债”，中国银行则支持几家国有电力公司成功完成国内首批碳中和债券的发行。互联网科技企业也争相表明态度，对外传递进取姿态，互联网公司往往在企业气候行动中承担着更高的要求与期待，企业对外释放应对气候变化与时俱进的信号是对大众的承诺。但是在大潮流、大背景下只有承诺没有实际路线图、时间表等都是寸步难行的。做出承诺首先是为实现碳中和目标做出的第一个努力，提出更具体的实施计划和路径才是企业迈向碳中和的第一步。众所周知，一个企业不可能只有单单一个环节，而且每个环节都会有一定的二氧化碳排放量。明确减碳的范畴，也有利于企业对运营全范围的碳排放进行梳理。既然企业在公众面前起到带头作用，就要勇于披露核心减排计划，真正做到低碳绿色发展。

2. 数字化转型驱动低碳能源发展

企业数字化转型是推动产业升级和可持续发展的重要手段。2021 年被认为是碳中和元年，后三十年将是低碳化时代，低碳化和数字化将成为新的“两化融合”。数字化在企业全生命周期及整个生态价值链中发挥着重要作用，如提升效率、节约能源、提高信息化管理水平，帮助企业成为走绿色可持续发展之路的有力践行者和赋能者。

我国作为明确提出碳中和目标的国家，每个企业都有责任响应我国碳中和目标的实现。产业链上的每一环节都需要调整和重构，产业格局也将会发生较大变化。在制造业中，原材料、组装生产、销售，产业链的上中下游都需要为实现“碳中和”的目标做出改变。综合起来主要表现在三个方面：一是能源结构的调整，从传统的化石能源转变成天然气、太阳能等清洁能源，提高新能源使用占比；二是创新技术的应用，通过采用更先进的生产技术和污废处理技术，从根源降低能耗，减少二氧化碳的排放，理想结果是污水的回收再利用；三是优化管理，充分利用好信息化、数字化、智能化工具，形成企业内部的资源管理和碳排放资产系统。其中优化管理方面也需要建立系统性的改革计划，首先，建立完善的碳排放管理体系，能为设置合理有效的碳减排目标以及定期检讨碳减排表现奠定基础，从而提升企业的碳资产管理水平。其次，为了提升碳排放数据的测量、追踪能力，确保数据的准确性和可靠性，企业可考虑利用新兴技术和数字解决方案，即人工智能、机器学习、数据仓库、大数据及云端数据管理软件，把握发展碳排放交易市场的机遇，建构稳健可靠的数据管理系统，以收集、梳理和监控企业的碳排放数据。这些通过标准填报流程建立的碳排放数据库，使企业的历史数据具有可追溯性和数据维护的便利性。同时可以以过去积累的排放量和相关数据作为未来调整碳排计划的参数，再评估计算业务风险严重程度，以及跟踪环境指标执行情况，在企业战略决策和业务发展方面提供数据支持。再次，企业需要定期以报告的形式对碳排放数据进行公开披露，并且按照国际标准进行编写，以确保企业之间的数据能够相互对比，作为市场参考标准。企业内部负责碳排放管理相关人员要具备碳相关行业知识，能够以清晰的思路提供企业碳排放报告，并且能及时发现数据收集、汇总、存储、上报、审核中的纰漏，平时也要加强知识储备，满足企业碳资产管理的需求。

虽然我国目前提出的目标只是到2060年的碳中和，但并不意味着企业实现这一目标就可以停滞不前。不能忽视的是，气候问题是一个长期性的难题，需要一步步扎实地推进，实现碳中和只是阶段性胜利，但绝不是企业气候行动的终点。已经有很多公司的气候行动不止步于碳中和，而是进一步实现负碳排放。全球生物医药公司阿斯特拉捷利康（Astra Zeneca），日前宣布在2030年实现其全产业链的负碳排。我们需要以更长的时间尺度衡量国家和企业的碳中和目标，利用企业的低碳能源转型和数字化绿色经济驱动和影响碳中和，使企业真正受益于此，也为碳减排做出更多贡献。

（四）数字社会引领绿色生活新时尚，实现碳普惠

以习近平同志为核心的党中央高度重视数字化发展，明确提出数字中国战略。《中共中央关于制定国民经济和社会发展第十四个五年规划和二〇三五年远景目标的建议》提出："加强数字社会、数字政府建设，提升公共服务、社会治理等数字化智能化水平。"数字社会是新一代信息技术同社会转型深度融合的产物，也是推动精细化社会管理的手段和方法创新。数字技术能够不断扩展社会服务覆盖范围和用户群体，扩大优质低成本服务供给，不断提高人民群众的获得感、幸福感、安全感。在数字技术推动下，以民主参与、集体协作、自组织和自我调节为特征的网络社会正在加速形成。数字时代的社会秩序主要依靠的不是社会控制，而是人们之间的互动互利行为。用户的每一次操作行为，无论多么微小，都将深刻影响着算法配置和流程优化，因此数据的重要性在数字社会中尤为突出。目前，数据是社会可持续发展的新资源，智能化技术让公民之间的连接更紧密、生活体验更好。在碳减排大趋势的推动下，绿色生活将会给公民带来更大的幸福感和满足感。

1. 消费端减排定量化

据调查，联合国气候变化政府间专家委员会（IPCC）评估报告显示，在

全球碳排放总量中，约有 72% 是由居民消费引起的。上述报告称，在中国，居民消费产生的碳排放量占中国碳排放总量的 40% ~50%，其对碳排放的贡献不容忽视，且越是经济发达地区，这一比例越高。

全国各地区也在致力于减少消费端的碳排放并推出可量化减排量的平台，期望有效控制消费端碳排放在总量中的比重。

从个人角度而言，衣食住行游等生活的方方面面的减排行为都可以通过计算减排量进行量化，形成个人碳减排日志。根据日志中的累积碳减排量数据可得到公益、商业和政策鼓励性等激励，公众将会更自主地选择低碳方式实施每一次消费行为。2021 年 6 月 5 日，泸州市“绿芽积分”在生态环境部 2021 年“六五”世界环境日国家主场活动中展示，并跻身进入生态环境部“提升公民生态文明意识行动计划”2021 年十佳公众参与案例。“绿芽积分”融合区块链、云计算、大数据等前沿科学技术，综合采集公民在绿色生活、绿色出行、绿色循环、绿色金融等多个维度绿色场景的减排行为，并将其科学量化，形成分布式架构的绿色账本和一套集纳个人绿色生活的多维体系算法，进而建立泸州市个人、企业、政府碳减排数字账本，完善个人绿色生活回馈机制，支撑全民绿色生活方式。2021 年 6 月 28 日已经上线的全国首个以数字人民币结算的碳普惠平台——“青碳行”App 正式在“2021 青岛 · 中国财富论坛”亮相。平台以核算出的用户出行碳减排量折算兑换成数字人民币，从而鼓励居民绿色出行、践行绿色生活理念。将青山绿水的自然资源财富与数字人民币应用落地的金融财富以及个体自然人通过低碳减排行为获得的个人财富相结合，通过数字经济新技术催生节能服务新业态，构建“人人参与、人人有责、人人有权、人人有利”的全社会节能减排氛围。以市场化方式引导居民主动节能减排，以现实利益刺激促进碳普惠平台的推广，以区块链技术保障用户隐私安全，以数字人民币形态拓宽平台应用场景，以“绿色出行、健康生活”理念倡导全民共同参与，助力城市高质量发展，以实际行动探索出行中的节能减排。这些软件和平台都让居民的低碳行为可视化，也让公众真实、深切体会到低碳消费转化成实际利益的福利。量化碳减排量在一定程度上可以了解减排效果，并为未来推行更严格和紧凑的减排计划提供数据依据。

2. 正确引导公众践行绿色低碳生活

生态环境部、中央文明办、教育部、共青团中央、全国妇联等五部门在2018年“六五环境日”国家主场活动现场联合发布《公民生态环境行为规范（试行）》，倡导简约适度、绿色低碳的生活方式，引领公民践行生态环境责任，携手共建天蓝、地绿、水清的美丽中国。政府依靠具有规范性质的文件加以树立和引导公民的环保意识，社会则通过与公民更贴近的日常生活实现低碳理念的灌输。互联网已经深入社会的每个角落，当然，在促进低碳减排的新征程上必然离不开互联网的优势加持。互联网商家可以通过在消费过程中提供多种选择引导公众绿色消费，如鼓励用户选择“不使用一次性餐具”；互联网平台开发趣味公益项目吸引公众采取绿色低碳生活方式，如支付宝“蚂蚁森林”、百度“小度农庄”、新浪“熊猫守护者”等。

社区作为城乡居民生活的基本单元，是建设资源节约型和环境友好型社会的基础载体。低碳社区是指通过构建气候友好的自然环境、房屋建筑、基础设施、生活方式和管理模式，降低能源资源消耗，实现低碳排放的城乡社区。探索有效控制社区碳排放水平的途径，对于实现我国控制温室气体排放行动目标，推进生态文明和“美丽中国”建设具有重要意义。其中的一种表现形式是低碳小镇，低碳小镇是响应低碳目标的新兴建设，是在新时代背景下推动绿色发展的示范板块，是一项开创性的特色小镇创建项目。低碳包括社区的多个基础设施建设系统，供暖、排污、园林绿化、能源等，任务艰巨，不仅要充分彰显低碳环保特色，而且在投入使用之后要真正可以实现碳减排。其中有诸多系统都需要数字化技术提供保障，智能化在提供便利的基础上更大的作用是节约资源，如智能安防、智能照明、智能停车场、智能浇洒等体系都将竭尽全力减少能源的浪费。各级各部门已经拿出了逢山开路、遇河架桥的气魄、勇气和决心，在加强统一思想认识的基础上，坚定信心，凝聚智慧和力量，把低碳小镇建设作为加快创新转型的突破口和主抓手，加快推进低碳小镇创建工作。低碳小镇旨在牢固树立社会主义生态文明观，推动形成人与自然和谐发展现代化建设新格局，强化公民生态环境意识，引导公民成为生态文明的践行者和美丽中国的建设者，包括关注生态环境、节约能源资源、践行绿色消费、选择低碳出行、分类投放垃圾、减少污染产生、参加环保实践、共建美丽中国，对强化公民生态环境意识起到了关键性作用，有利于在整个社会中形成环保的良好风尚，让居民在绿色的环境中感受生活的美好。

消费端的碳排放量化可以形成公民个人碳积分账户，以奖励、兑换商品等方式激励用户以实际行动践行低碳理念，在潜移默化中减少消费端的碳排放。此外，仍然需要对公民的低碳意识加以引导，营造出绿色生活的氛围，将低碳深入生活的每个角落。

二、双碳目标下核心数字科技的发展

数字科技发展到今天，典型的代表有大数据、人工智能、物联网、移动互联网、云计算和区块链技术。高效快捷的移动互联网使得信息的互通更加方便，并由此产生了大量的数据，而对大数据的进一步挖掘则进一步提升了生产效率。云计算是作为技术平台和基础设施，经济有效地支撑和承载了大数据的存储、处理、计算等服务。随着工业 2.0 云、大、智、移、物、链的相互关系的大力发展以及区块链技术的逐步成熟，安全、可靠的产业互联网也逐步成为现实，为整个社会生产制造的升级提供了基础条件。结合对业务的理解，通过大数据分析，挖掘出能降本增效、提升生产效率的有用信息，并应用算法实现智能化应用和部署。

（一）云计算：云端信息中心，满足多元化需求

党的十九大报告提出，“推动互联网、大数据、人工智能和实体经济深度融合，在中高端消费、创新引领、绿色低碳、共享经济、现代供应链、人力资本服务等领域培育新增长点、形成新动能”，并明确了“网络强国”“数字

中国”“智慧社会”等概念，国家从政策层面、战略高度为数字化建设指明了方向。在碳中和目标的大背景下，资源平台化是必然要求，云计算是数据时代的算力支撑平台，也是大数据的承载平台，为庞大、复杂的数据体系提供底层支撑，承载基于数据的算力需求是云平台重要价值。

世界经济论坛的《指数气候行动路线图》指出，在未来，“连通性”将越来越成为许多“良性”气候解决方案的关键因素，即那些能够对温室气体减排产生“指数效应”的解决方案中，领先的数字技术将在将全球碳排放量减少到15%方面发挥关键作用。云计算在降低成本、灵活性和效率方面蕴含着无限的潜力。一方面，云计算使得传统工农业生产过程的数据收集、监测以及物流信息都可以在线化，不仅可以提高效率还能节约资源；另一方面，通过改造网络本身的基础设施，集中优化系统各个设备，从而减少云计算本身的二氧化碳排放。

国际分析机构 IDC 建立了一套追踪数据中心碳排放的模型。该模型使用了 IDC 长期以来对 IT 市场数据追踪的历史积累，包括服务器数据、云计算数据、软件部署的数据等，以及部分第三方数据如数据中心电力使用、每千瓦时二氧化碳排放量等，从而得出云数据中心和传统数据中心碳排放的比较信息。以此研究方法得出的报告《全球云计算二氧化碳减排预测（2021—2024）》预测：未来几年中，采用云计算可以减少超过 10 亿吨二氧化碳的排放，而这一数字超过新能源汽车带来的二氧化碳减排量。同时，以确定的数字对比出 2020 年的碳减排量。通过使用云计算减少的二氧化碳总量，相当于减少了近 2600 万辆燃油汽车上路。这个减碳量超过了一辆 2019 年款特斯拉 Model S 汽车在地球和火星之间往返 2.5 万次里程所对应的排碳量。

数据中心是维系数字化时代的核心，数据中心的耗电量也是巨大的，因此，“绿色数据中心”是近年来数据中心实现减碳的建设方向。在 2021 年 5 月举办的 2021 阿里云峰会上，阿里云智能总裁张建锋在发布“零碳云”计划就提到过，云计算本身就是一种绿色技术，提高了社会整体的 CPU 利用率。通过聚集计算资源、转移工作负载，云的资源利用率是企业自建机房的 5 ~ 10

倍，同时可以更好地利用风能和太阳能等清洁能源。具有多租户特点的绿色云计算减少了整体能源使用和相关的碳排放。离散的数据中心容易出现预测的需求增长和高峰负载过大而导致实际能耗过剩的问题，但大规模数据中心可以更有效地管理电力容量、优化冷却、利用节能服务器并提高服务器利用率。此外，各个企业根据自己的需求选择其中的服务，各取所需，实现资源的高效利用。关注人类地球未来，应对气候危机，也与微软的公司愿景不谋而合。2020 年，微软公司高管们共同承诺公司将在 2030 年实现碳负排放，为此，采取了一系列技术创新来支持这一目标的实现，如利用微软智能云 Azure，用数据洞察帮助全球科学家检测、建模和管理地球的自然资源，共同应对挑战。阿里巴巴集团也宣布阿里云将在 2030 年前全面实现碳中和，为全社会提供绿色的云计算基础设施。

相信随着各种技能技术越来越成熟，会有更多的云服务商推出自己的碳中和计划，“云减碳”的队伍也会更加壮大。云计算是数字化与低碳发展的新引擎，现有的绿色实践都只是开始，正确处理好发展和节能的关系，绿色计算会有更深的探索和更广的实践，“零碳”不会是遥不可及的愿望。

（二）大数据：引导企业科学决策，养成居民绿色出行

“生态文明建设”一词近年获得越来越多的关注，十九大报告全面阐述了加快生态文明体制改革、推进绿色发展、建设美丽中国的战略部署，其不仅与碳中和的目标相契合，也为未来中国推进生态文明建设和绿色发展指明了路线图。企业要向绿色经济方向发展，居民生活要向低碳方向迈进，离不开大数据准确挖掘数据价值、串联隐藏规律。推动经验判断向科学决策转变，共建共享生态未来是今后数字时代的特征。

以现在科技发展的速度，越来越多的家用电器带有传感器，并能使数据在能源公司、家庭智能仪表和电器之间进行传输不是一件遥远的事。传感器连接到互联网上，工作人员根据传输回来的数据进行分析处理，即可对单个设备的能耗进行检测和调整。及时减少能源的浪费，进而减少二氧化碳的排

放。时空大数据作为物联网、遥感卫星、空间与定位数据的集合，不仅能在碳排放方面进行监测、溯源和改进起到量化监管的作用，并能为绿色再生能源的产业体系构建提供数字化指导。

森林碳汇是目前最为重要的碳消除途径之一，通过高分辨率的遥感卫星网络和实时数据获取分析，高频监测维护森林生态、及时预警森林火灾、限制人类活动，保持和发展森林蓄积量，是实现碳中和的关键环节。遥感反演可深入裸露土地、城市道路、建筑施工裸地、重点排放单位进行碳排放的动态监测，一旦发现碳排放异常点，可及时进行确认和修复；时空监测手段对其变化信息的实时动态获取，都将为维护生态、促进碳吸收，起到高效监管的作用。政府和相关企业在监测到异常数据后，经过综合研判进而调整温室气体排放的整体规划，提高科学决策速度。

与公众消费比较密切的绿色出行也离不开大数据的支持，互联网平台通过大数据处理技术，能为用户提供最优的出行路线，无论是时间最短、距离最短都能满足用户需求。政府、企业与互联网公司高质量数据合作共享，是未来城市智慧交通发展的必然趋势。政府的专业交通数据，如信号灯配时、动态停车、卡口、气象、交通信息等，结合互联网公司强大的大数据分析和云计算能力，融合各类数据，打通信息壁垒，有效运用多元数据，为用户提供最满意的出行方案。此外高德等网约车平台，通过拼车、顺风车等功能同时满足不同用户需求。大数据、互联网快速整合实时下单信息，实现高效匹配。这类订单能有效减少各自打车而产生的碳排放。据艾媒咨询发布的《2021年上半年中国共享出行发展专题研究报告》显示，有40.96%的用户使用网约车的频率是每周使用，同时有30.46%的用户不定时的，有需求时才会使用网约车。网约车的使用频率较高意味着私家车的出行率在一定程度上会减少，网约车便利、舒适、快捷的特点高度符合当前消费者的需求，这一行业将会为碳中和的实现贡献更多力量。

2020年和2021年的极端天气已经让人们意识到气候变化的严重性，碳中和看似遥远，但实际和每个组织、每个个体密切相关。中国提出2030年前碳达峰2060年前碳中和，也是怀着巨大勇气与决心对全球做出的大国承诺：2021年中国发展高层论坛发布的《助力新达峰目标与碳中和愿景》指出：必须坚持沿着将气温上升控制在1.5℃框架内的可持续发展之路，在2050年之前实现75%～85%的碳减排。这些数字说出来很容易，在我们看来也仅仅有关时间和温度，但实现这些数字的背后需要付出难以想象的努力，这也正是我们每个人需要思考并为之付出努力的目标。

（三）物联网：万物互联，多方协同

2021年2月，国家自主贡献（NDC）初始综合报告评估了缔约国国家气候行动计划的进展，联合国秘书长古特雷斯在此报告的调查结果中指出，“今天，《联合国气候变化框架公约》的初始报告对我们的星球是一个红色警报。这表明各国政府远远没有达到将气候变化限制在1.5摄氏度和实现《巴黎协定》目标所需的雄心。”同时报告发现，即使某些国家加大了努力，但综合影响仍然远远达不到要求。为此他强调，决策者必须言行一致，长期承诺必须与立即行动相辅相成，以启动人类和地球迫切需要的“十年转型期”。前期报告的结果并没有达到预想的结果，因此，现在必须加快步伐，有效利用各种资源，利用科技的力量，进一步加强节能减排。

减少二氧化碳排放的直接表现是保护环境，首先要对环境情况了如指掌，这样才有制定方针、政策的现实依据。随着传感器、物联网、边缘计算等技术的发展，环境传感网络也逐渐完善，它能对环境变化进行实时感知、数据提取和精确分析，从而实现对环境情况的准确摸排。物联网通过传感器感受世界中的各种变化，就像是数字世界在物理世界的触角或者神经末梢，各种小目标的单独传感器集合在一起形成的物联网将能记录生活中各种数据，综合起来就是巨大的资源宝库，为更大范围的环境保护带来有效的推动。

我国的碳排放来源主要集中在电力、建筑、工业、交通、农业等多个领域，在碳中和的目标下，各类物联网企业是碳中和的重要参与者和引领者，充分发挥科技优势，节约能源，提高效率，是物联网行业为碳减排做出的努

力。在风电发电机组设备层面，已经大量使用物联网技术进行数据分析。运用温度、振动、位移，风速等多种传感器，使风电机组具备了更强的感知能力，可多维度地采集相关数据。对风机的数字化建模能预知运行状态，判断是否健康，从而进行预防性维护和维修。越来越多的光伏发电项目正在推进，物联网使光伏系统的相关人员能够可靠、实时地访问数据。此外，物联网方案还有利于更加高效地远程管理资产，实时了解光伏的总体发电效能。建筑节能与绿色建筑逐渐得到了政府与行业的高度重视。物联网系统赋能智能建筑的全生命周期管理，推动建筑楼宇走向智能化、绿色化。物联网系统将各个分离的智能系统整合起来，进行全面集中管理，包括空调系统、新风系统、照明系统、能源计量监测和 PM2.5 浓度监测等。能耗精细化监测，异常情况实时化洞察，建筑的持续节能将不是愿望。交通产业也是脱碳能力较强的行业，根据密歇根大学的一项测算，相较于非自动驾驶车辆，搭载车间通信系统的自动驾驶车辆通过地图线路优化及刹车制动优化，节能效率达到 19%。公路物流作为行业领先的物联网科技平台，G7 发现有很多不良驾驶习惯会造成油耗增加，可能是一次不恰当的踩刹车、一次随性的紧急加速、长时间的发动机空转。G7EMS 系统实时获取的 26 项发动机数据，可以找出同一车辆不同线路下的油耗差异原因。根据测算，G7 实现了每年减少碳排放上亿千克。这些行业都是急于脱碳的领域，同时也具备了脱碳的巨大潜能，物联网、人工智能等技术正在赋能千行百业，多方发力，共同为碳中和目标努力。

碳中和的道路任重道远，目标的实现也不是一朝一夕的事情，我们要保持乐观的心态，相信数字化带给我们的远不止生活中的便利，而是在节能增效的基础上最大程度减少温室气体的排放。物联网使万物互联，让多方协同，共同改善全球环境。

（四）移动互联网：提供绿色平台，宣传低碳理念

互联网的成功不只是因为多种网络技术的融合，对企业的组织方式、生产方式的重塑和改革才是在各行业占得一席之地的关键。互联网技术的飞速

发展，几乎覆盖了日常生活中的各种消费行为。各种互联网企业抓住机遇，创造多种基于网络的绿色低碳生活场景，也推出不少新的公众参与平台和模式。互联网的普及，让公众在线就可以实现购物、教育，用户规模和在线活跃度明显增加，互联网平台日益满足着公众的多样化需求。基于信息化和数字化等技术，共享单车、智能地图、远程会议等领域都为公众提供了现代化的低碳行为方式。旧物回收、二手商品买卖、绿色租赁等打破了空间限制，将线下交易搬到线上，降低了消费者参与的门槛，且能及时更新交易情况。

现阶段各种二手交易小程序纷纷上线，公众可以根据喜好选择自己心仪的平台，足不出户实现商品交易，节约时间和经济成本。

互联网不仅是提供多种绿色低碳行为的平台，还是宣传绿色理念的广阔空间。接受理念进而付出实际行动永远都是一个挑战。传统意义上的促进公众践行绿色低碳行为主要采用线下物质刺激和分发传单、张贴海报等形式，形式单调，对年轻人的吸引力和宣传效果都不大，难以达到对全年龄段的人群宣传的目的。互联网平台能够极大地激发公众参与性，新型激励手段包括三大类，一是用户授权各类 App 后，可以及时获得自己低碳行为的反馈，随时了解环保参与进展情况；二是利用社交平台广泛传播绿色低碳理念，带动、吸引周围人群践行；三是通过现代科技手段提供技术支持，公开公众的低碳行为所获得的环境保护的实际效益，让公众充满获得感和自豪感，坚信长期践行将会是一件十分有意义的事。

低碳出行是一种以低能耗、低污染为基础的绿色出行，倡导在出行中尽量减少碳足迹与二氧化碳的排放。网约车、共享单车是城市绿色交通出行的新兴形式不仅可以提高公众出行效率，还能降低能耗。尤其是共享单车，路况复杂、汽车出行不便时，它就是一个随时随地出行的好选择。手机“扫一扫”二维码就能享受互联网带来的便利，同时还能为二氧化碳减排做出贡献。绿色消费也是碳中和目标中的一个重点领域，互联网在此方面也找到了发力点，一是引导消费者选择绿色产品。互联网使消费者获得产品绿色信息的成本显著降低，使绿色产品的社会功能、绿色责任以及相对优势等能够被广大的消费者群体接受。二是根据消费者的绿色消费行为进行激励，如在全国盒马门店购物时不购买塑料袋即可获得蚂蚁森林绿色能量。旧物回收也是用户在线活跃度很高的一项活动，它能够有效提升资源利用效率，减少碳排放。年轻人在这一人群用户中占据了很高的比例，似乎已经成为年轻人生活中的时尚。二手商品交易既可以节约资源，避免浪费，还能保护环境，互联网技术更是拉动了更多人参与到这一绿色可循环的生活方式中。

互联网具有即时性、便利性、兼具社交性的特点，在很大程度上影响了公民的生活方式，一方面提供平台和软件促进绿色出行、旧物回收，为直接减少碳排放做出贡献，另一方面利用社交网络和奖励机制倡导绿色低碳理念。公民绿色低碳行为的增加趋势较为明显，基于互联网平台的绿色低碳行为正在成为一种潮流。二氧化碳排放过量导致的全球环境问题，严重威胁着人类的生存与发展，碳中和、碳减排不是一部分人的利益，全社会都应该积极参与其中，只要每一个人改变日常的生活习惯，碳中和的目标就不会遥远。

（五）人工智能：高效学习，精准预测

未来，人类行为与生产关系将与机器深度协同，我们将与身边的事物建立起智能共生的关系。《政府工作报告》指出，发展壮大新动能，要“加强新一代人工智能研发应用……发展智能产业，扩展智能生活，建设智慧社会。运用新技术、新业态、新模式，大力改造提升传统产业”。人工智能带来的高效率、低能耗、高准确性等优势，将为碳中和提供重要助力。设计特定的模型、算法进行分析、预测，是人工智能发现新规律的重要手段。

据《标准报》报道，波士顿咨询公司研究报告显示，人工智能在应对二氧化碳排放、防止气候变暖领域存在巨大潜能。到2030年，目前大气中存在的530亿吨二氧化碳可通过人工智能技术减少5%～10%，约合26～53亿吨，占全球计划减排量的很大比重。国际人工智能领域知名学者刘铁岩说“现在很多情况下，我们都是靠各级政府来上报碳排放是什么状况、污染控制情况

怎么样，准确度可能还不够高。如果我们能够用好卫星遥感数据，其实是可以反过来精准计算出各个地区的碳排放有什么变化。有了一系列相对准确的数据，政府做决策就不是盲人摸象了，而是有的放矢”。急剧变化的全球气候也催生了很多新技术，因此，在走向碳达峰、碳中和的过程中，人工智能在很多环节都能发挥其创新应用。

人工智能和机器学习算法可以用于冰面分析，以测量随着时间的推移而发生的变化，为减缓冰川融化提供数据依据，可以用于帮助研究人员以精确地布局种植新的森林，并最大限度地吸收碳排放。植树造林可以吸收更多的碳，使用清洁能源可以减少排放碳，对于一些无法吸收的碳，可使用碳捕捉和碳封存（CCS）的方法促进碳中和目标的实现。在 CCS 环节中，人工智能技术同样有发挥作用的空间。选用便宜有效的碳吸附材料一直是该技术中的难题，用“强化学习”来做材料的搜索，取得了一些阶段性成果。吸附后的二氧化碳要妥善储存，长期性、密封性、稳定性是非常重要的因素，碳储存的过程不是简单的物理过程，二氧化碳会和岩层里的一些化学成分发生反应，这个反应过程需要模拟，才能知道把二氧化碳注入这个地区是不是稳定的。简单的物理模型是很漫长的，数值模拟加人工智能加速仿真，然后进行预测可以提高效率和准确性，使最终效果全面提升。

工业生产、物流和建筑材料是碳排放难以消除的主要原因。幸运的是，得益于传感器和其他数据收集机制（例如二维码和图像识别）的成本和门槛的降低，全球工业部门每年花费数十亿美元收集了工厂和供应链上的数据。有了大量的数据，再加上价格合理的云存储和云计算，使得工业成为机器学习对气候产生积极影响的绝佳场所。机器学习可以帮助简化供应链、提高生产质量、预测机器故障、优化加热和冷却系统，以及优先使用清洁能源而不是化石燃料来减少全球排放量。作为全球最常用的搜索引擎，Google 必须满足用户需求、确保用户体验。碳中宝研究所的行研报告显示，Google 数据中心每秒平均处理多达 63000 次搜索，服务器处于冷却环境是系统正常运行的前提，制冷过程中消耗的能源以及排放的二氧化碳也是不可忽视的。在过去的几年中，Google 与位于伦敦的子公司 Deep Mind 合作，测试了优化其冷却系统的算法。使用此算法节约了多达 40% 的能源，并大大减少了它的碳足迹。到 2018 年，谷歌已委托 AI 管理其所有数据基础架构。

2021 年 2 月联合国发布的一份气候变化报告显示，各国采取的气候行动与遏制全球气候变暖所需的行动水平仍然相差甚远。这一现状更给每个人敲响了警钟，因此，未来将是各种数字化技术综合运用的时代，尽管某些技术尚未成熟，但人类在应对气候变化、环境危机的征途中，依然会努力探索，竭尽所能。

（六）区块链：为碳减排保驾护航

IPCC 第四次评估报告表明，在全球普遍进入工业化的近 100 年来，地球地表平均气温，升高了 0.74℃。据预测，从人类工业时代开始到 2010 年，全球平均气温的最可能升高幅度是 1.8℃至 4℃，海平面升高幅度是 19 厘米至 58 厘米。能否在更大的气候灾难来临之前，通过采取措施控制温室气体排放，解决气温升高问题还是未知。在“2060 年前实现碳中和”愿景的牵引下，我国将采取更高标准、更严要求，推动各地“做好碳达峰、碳中和工作”。数字经济的发展已经深入各个领域，《巴黎协定》签订之后的五年，数字化与碳减排吸引了越来越多的关注，区块链技术将发挥更大作用，为碳减排保驾护航。

为了应对气候变化这一全球性挑战，迄今为止的大部分做法都集中在气候协议上，协议的目的是建立一个可交易的碳市场。除国家分配的碳配额交易市场外，自愿性的碳市场也取得了一些进展，其做法是允许企业通过资助认证的温室气体减排项目抵消碳排放，如能源效率项目、可再生能源项目或雨林恢复等项目。碳交易市场是未来重要的发展方向，也是国家重要的战略领域。碳市场将实现从单一行业到多行业纳入、从启动交易到持续平稳运行。目前，世界碳排放市场规模已经达到了每年约 1000 亿美元，但从世界范围来看，这些交易主要来自欧洲和美国的政府和大公司的场外交易或中心化的地域交易所。而2015年签署的《巴黎协定》希望建立更为广泛的国家内部和国家之间的碳市场，这就必须对碳排放量和碳清除量进行更为透明和准确的核算。传统模式下的碳排放交易系统下，交易信息不对称、交易过程不透明都可能导致暗箱操作、数据造假等问题，别有用心之人容易利用这些漏洞从中牟利。交易流程繁杂、监管成本过高也使得市场活跃度一直低下。市场低迷将会直接影响交易量，企业丧失交易信心，对碳减排将会是难以挽回的损失。区块链能为现有市场提供更大可信度和更大规模，已经成为促进碳市场焕发新活力的有力手段。

加拿大的气候区块链基金会就是为了响应《巴黎协定》而创建的非营利初创公司，专注于改善全球碳市场及致力于打造连接加拿大碳账户的区块链工具。气候区块链基金会还专门为此开发了一种名为“唯一可调换代币”（Unique Fungible Tokens，UTF）的新型代币草案规范，UTF包含每个积分的唯一信息，例如积分的原产地（诸如重新造林或可再生能源项目），唯一信息可用于验证碳积分额的真实性，而同时又可以对代币进行调换处理，因此可以有许多UTF可用于交易，从而创造碳积分的市场流动性。基金会创始人Joseph Pallant有以下的解释，“我们希望支持和加速该目标，建立起一个智能合约协议，用于跟踪ITMO，利用以太坊技术堆栈和规模达到适应全球各个国家使用。每个代币都包含了足够的数据，因而每吨减排量的出处和合格性都非常明确。”不止加拿大，其他国家也看到了区块链在碳减排中的巨大潜力，争相利用区块链开拓新市场，加快走向低碳世界的步伐。

保证碳交易市场的公平和透明只是区块链的一个功能，对于节能减排的应用还体现在很多方面，例如加大减少碳排放行动力度，更好地融资保护环境。区块链能够实现对气候影响的监测检查，提升减少碳排放的透明度、可追溯，实现减少碳排放参与者之间信任。利用区块链记录碳足迹，全追踪让每个环节的数据都清晰可见，增强可信度，还能监测企业废弃物排放、环保履约情况等，实现减少碳排放、减少温室气体排放、人与环境和谐发展的良性循环。

人类家园只有一个，因此环保无小事。利用区块链去中心化、不可篡改、数据回溯等技术优势，可以逐步改善修正环保激励机制。同时，在区块链的引入下，碳交易市场会变得更加活跃，更加调动企业加入自愿减排队伍的积极性，对整个碳市场产业链的重组、重构都有深刻影响。

第二章　双碳目标下网络数字化技术在制造业中的应用

第一节　制造业数字化转型概述

当前，数字化已经深刻改变了金融、物流、交通、旅游、零售、住宿、餐饮等服务业，逐步向制造业渗透，制造业成为数字化转型的主战场。新基建的推进，更是加速了制造企业数字化转型的实践步伐，“从哪里转”和“怎么转”成为制造企业急需解决的问题。企业界的快速发展促使制造企业的数字化转型成为学术界的研究热点。

一、双碳目标下制造业数字化转型相关概念

（一）智能制造

从时间维度来看，智能制造的概念最早在 1988 年被提出，Wright 和 Bourne 将智能制造定义为智能的机器人和人类的专家共同组成的一整套一体化的人机智能系统。智能制造起始于 20 世纪 80 年代人工智能技术在制造业行业内的应用，成熟于 21 世纪。在信息技术的加持下，智能制造的内涵和外

延得到大幅拓展，不仅能够参与到产品设计的个性化设计，还能够在产品制造中满足产品的动态需求。随着信息技术的飞速发展，在制造业与信息技术的深度融合与集成创新中，智能制造的概念也逐渐演化为制造过程中信息技术赋能生产制造，实现自我感知、自我适应等。2016 年工信部发布的《智能制造发展规划（2016—2020 年）》也指出了智能制造是以先进制造技术和新一代信息通信技术的深度融合创新，其关键的技术包括了物联网技术、云计算、大数据和信息通信技术。从研究对象来看，国内外学者关于智能制造的研究主要集中在智能技术赋能生产制造、智能制造产业化发展、制造业数字化转型升级以及全球智能制造战略发展方面。

1. 智能技术赋能生产制造

在智能技术赋能生产制造的研究中包括了智能制造信息技术基础研究、数据技术赋能生产制造研究、制造业企业智能制造管理研究等。

在智能制造信息技术基础研究方面，Chen（2020）、Huang（2020）等以算法设计为出发点，研究了神经网络、遗传算法等人工智能相关算法在智能制造方面的应用情况，为智能制造的推广应用提供了理论基础支持。在数据技术赋能生产制造方面，国外学者更多是研究单一技术与传统制造之间的融合问题。此外，还有学者在研究虚拟制造、系统控制等重要智能制造技术在现实情境中应用场景和完善机制。国内学者则更多从系统层面对数据赋能生产制造进行顶层设计规划，杨叔子和丁洪（1992）在早期就通过人工智能与制造技术的融合，构建了新型的制造工程体系——智能制造技术（IMT）和智能制造系统（IMS）。在敏捷制造方面，曾德麟（2017）等以沈飞公司为研究对象，研究了信息技术在提升复杂产品制造过程的敏捷性机制，指出企业应在识别复杂产品制造的基础上，构建具体的信息处理网络能够提高复杂产品的制造敏捷性。

在智能制造管理研究方面，国外学者主要集中研究企业管理过程中的人工智能思想和现代信息技术在制造业企业的生产制造管理方面的综合应用。国内的学者在研究形式上更倾向于将智能制造管理作为一个整体进行研究，利用先进案例经验对数字化车间、智能工厂等进行归纳总结。此外还有多位学者以我国先进型制造企业的智能制造先进建设与管理模式作为案例研究对象，梳理符合行业特征的智能制造转型升级的参考路径。

2. 智能制造产业化发展与制造业企业数字化转型升级

在智能制造产业化发展和制造业企业数字化转型升级的研究中，重点研究内容在于智能制造产业化发展的宏观环境分析和制造业企业微观层面的数字化转型升级的影响因素及其作用机制研究。针对产业化发展方面，在中国经济进入增速换挡期的背景下，制造业作为实体经济的核心主体，是中国经济全面振兴的主战场。以区域为分界线，有的学者研究了香港在智能制造的基础上进行再工业化模式，系统梳理了香港实现再工业化的禀赋优势和论证其可行性。有的则根据省份和城市的资源禀赋特点，对制造业企业的数字化转型过程中的制约因素进行综合分析，并制定具备可实施的对策。

3. 全球智能制造战略发展

全球智能制造战略发展方面的研究对象主要有“工业 4.0”“工业互联网”“中国制造 2025”等宏观国家战略规划。许多学者在全球智能制造的地位上持相同态度，普遍认为新一轮的工业革命的核心是实现更广泛的智能制造技术应用，赋能制造企业的生产制造过程，其本质需要将关键技术和关键产业进行深度融合与发展。周济（2015）围绕智能制造技术应当作为中国制造 2025 年的主攻方向的重要论断进行深入解读，为实现中国成为全球领先的制造强国的终极目标提供了重要的方向指引。赵剑波（2020）以政策分析和文献综述的方式，在新一代的信息技术与制造业企业的深度融合发展中，研究新一轮科技革命的本质和范式选择，指出智能制造范式将改变产品的制造过程、制造模式以及行业生态，未来产业革命的变革发展方向将是制造业企业全面建设智能制造。

（二）制造业数字化转型

目前关于转型相关研究已取得了较为丰富的成果，国内外学者对转型内涵的理解按层面不同大致可以分为两类。一类是微观企业层面，分为两方面：一是企业行业内转型，为适应变化环境提升企业在产业内的竞争能力，主要通过改造业务流程和提升创新能力从而降低企业管理成本，提高内部运作效率等方式进行转型，二是企业跨领域转型，企业在不同行业，不同领域之间转变。另一类是宏观产业或是行业层面，宏观产业转型囊括了产业结构和应用技术等多方面的转型。行业转型，即为资源在产业间的重新配置，将资本、劳动力等生产要素等一系列资源从前景衰颓的产业向高技术的新兴产业转移的一个过程。综合来说本书认为制造业转型是指依托技术和设备更新等手段提高生产效率，提升资源利用率的转变发展方式的一系列活动。

制造业企业的智能制造建设在广义上包括了企业进行数字化、信息化和智能化时投入的全部资源。在狭义上包括了产品数字化投入、设备信息化投入和管理智能化投入，其中产品数字化投入主要包括产品研发、产品设计、产品制造与质量检测等涉及产品全生命周期数字化信息采集需要的所有资源；设备信息化投入则包括了物联网设备的购置与安装，设备信息系统建设以及设备维护等；管理智能化建设则涵盖了适应企业数字化、信息化和智能化的企业综合信息管理系统建设、管理人员的综合培训等人力资源投入、产业相关先进管理标准的应用等一切涉及企业管理智能化所需要的资源投入。

制造业企业的数字化是企业实现智能制造的第一步，也是企业获取生产数据、产品数据、研发数据赋能企业生产经营的关键一步。从宏观行业层面来看，推进制造业的数字化建设有益于行业范围内的智能制造建设，也是实现供给侧结构性改革的重要方式，将从行业层面实现生产与市场的有效连接，从而促进整个行业的供需关系匹配以及供给升级，最终实现供给侧结构性改革有序进行，行业供需关系结构稳定发展。从微观企业层面来看，制造业企业的数字化转型是指通过现代信息技术，如云计算、人工智能、大数据挖掘等，实现对企业的业务流程优化、提高对市场的响应速度、降低企业的经营成本，从而实现产品设计研发、生产制造、市场管理等自动化，以管理智能化，落地柔性制造、敏捷制造等重要的方式全面赋能企业生产经营建设，为制造业企业获取海量数据改善企业流程，发掘数据价值提供重要基础，从而最终实现数据赋能企业职能部门效率提升，数据赋能企业内外合作协同发展等。最终从宏观上夯实行业的智能制造系统建设的根基，为行业整体数字化转型升级提供重要的支撑。

（三）制造业企业

从微观层面来看，制造业企业是智能制造的执行者，也是投资者，还是受益者，因此对制造业企业的数字化转型的动机、过程和结果研究对推动智能制造建设有重要的促进作用。目前，大量学者关于智能制造研究课题的研究主体主要为汽车制造企业、装备制造企业、化工制造企业等大型的工业企业。

同样，中小型制造企业在应用数据、数据技术全面赋能企业的数字化转型，从而达到智能制造建设目标中也发挥着重要作用。不同于大型制造企业，中小企业通常情况下信息化的水平相对较差，并且在资源禀赋方面远不如大型企业丰富。因此对于中小企业而言需要承担更大的试错成本，对于数字化建设的解决方案一旦实施失败则可能面临企业破产的重大风险。对于制造业企业的数字化进程推进和智能制造落地实施亟须通过构建系统的行业生态来保障企业风险管控的有效性，不仅覆盖到中大型的制造企业，还需要全面支持中小型企业，才能使得中国制造业的供给侧结构性改革目标的实现得到有序推进。

（四）价值链理论

价值链理论是迈克尔波特提出的分析价值创造和企业竞争优势来源的重要理论，认为价值链是由设计、生产、销售等一系列向用户交付产品或服务的基础活动以及辅助活动构成的体系。如今随着社会的发展，这一理论也逐渐被应用到全球、行业价值活动中，从而延伸出全球价值链、行业价值链、知识价值链以及虚拟价值链等一系列概念，另外还延伸出产业链、供应链以及创新链等概念。价值链描述了不同价值环节的关联关系，在制造业的数字化背景下，企业竞争不局限于一个环节，而是在研发、制造、营销以及服务各环节进行转型，进而形成综合竞争力，形成竞争优势。

（五）企业社会责任理论

通过文献分析发现企业社会责任（CSR）是环境责任理论起源，学者们认为环境责任是其重要部分。企业社会责任自20世纪初首次被提出以来，对其合理性以及履行什么样的社会责任的讨论从未间断。针对企业社会责任与经济绩效的关系这一问题，一些研究者认为适当履行企业社会责任能使企业避免处罚，树立良好形象，减少运营成本，提高顾客忠诚度，防止利益相关者抵制行为，从而改善企业经济绩效；一些研究者认为企业的社会责任就只涉及经济利益即盈利，但也有研究者认为其与经济绩效没有关系。有学者从利益相关者角度将社会责任分为不同的维度，克拉克认为企业承担的社会责任可以分为环境责任、员工责任和伙伴责任等，以及世界银行认为有社会责任的企业会在其决策时将对社会的影响以及对环境的影响全面考虑在内，将各利益相关者的需求进行平衡进而创造利润。我国学者则对企业社会责任界定为在某一制度安排下，企业对自身决策和活动进行管理，使利益相关方、社会和环境的影响更为正面，进而产出使经济、社会和环境综合价值最大化的行为及绩效。

企业社会责任的讨论主要从环境、经济和社会方面来展开。环境责任作为社会责任的重要组成部分，近年来随着气候环境恶化，温室气体导致全球变暖问题加剧，政府也出台了环境规制相关政策，制造业履行环境责任，成为重要的研究领域。

环境责任作为社会责任的重要组成部分，恩德勒认为环境责任是以发展的可持续为主，秉持降低资源的消耗，减少废弃物进而降低污染的原则。社会责任国际标准七大主题之一的环境责任标准，主要涵盖防止污染、资源可持续利用、减缓气候变化和环境保护等方面。有学者基于环境资源配置的角度，将环境责任界定为，在经济机制的规范和引导下，企业主动或被动按有利于社会环境的标准配置资源的行为责任。环境责任不仅是节能增效这一经济责任，更是一种遵守环保法规的社会责任。主动承担环境责任对企业有一定的益处，对环境责任的投资对企业声誉有正向影响，并能够减少跨国公司股权融资成本。工业发展和其承担环境责任相辅相成，相互促进。制造业积极承担环境责任进而在数字化转型的过程中注重环境影响，能够促进更多的绿色创新行为。综上，环境责任是在标准和规范下企业自发采取一定的行动优化配置资源提升利用效率，在生产活动时减少污染的行为责任。

（六）产业集聚理论

当经济发展到了一定阶段，部分产业内的企业就会因技术、劳动力等因素出现区域集聚的趋势，集聚的主体可能是一类企业，也可能是有一定关联的相关企业，导致某一区域聚集了大量企业和机构。由于这种空间组织形式具备竞争优势，加之其集聚的规模效应优势，其在激烈的全球化竞争下对产业发展、地区经济甚至是国家经济起到重要作用，也是影响资源配置效率以及国际竞争力的一个重要因素。国内外学者从不同的特征和角度对产业集聚这种空间集聚现象的概念进行了界定。特别是 20 世纪 90 年代，以波特、克鲁格曼为代表的学者提出了比较系统的产业集聚理论，其中融合了区域经济学以及新经济地理学等一系列学科。产业集聚则主要被从其地理和产业特性方面被定义，其地理特性表现为地理上高度集中，即地理上的距离成为判断产业是否集聚的一个特征，其产业特性作为另一特征，它反映了企业间技术的联系、产业链的联系，以及要素间的协同效应。产业集聚已有的研究十分丰富，主要集中在产业集聚带来运输成本降低、劳动力共享、技术溢出等方面。

随着产业集聚现象的大量出现，与其相关的研究也逐渐广泛，从对地理上的集聚的关注逐渐转向更深层次的分析，产业集聚对创新效率的影响、产业集聚和创新集聚的关系以及集聚对绿色创新的影响，甚至随着数字化时代的到来出现了新的研究方向——虚拟集聚，以及全球科技创新空间集聚对碳生产率的影响逐渐丰富。关于集聚与绿色创新的相关研究观点略有不同，有学者认为集聚能够促进绿色发展或创新绩效，也有学者认为并非如此，应该分产业分区域进行讨论。全球科技创新呈现出空间集聚，科技创新集聚以及信息化指数对碳生产率提升具有重要的作用。技术创新集聚常与产业集聚有关联，但是并非所有的产业集聚所带来的资源集聚都是促进创新的，只有在资源得到合理配置，创新主体间形成良好的协作关系时，资源在地理上的集聚才可能促进创新。

也有学者分析了专业化和多样化集聚对创新绩效的影响，发现两种集聚均有利于创新绩效。而也有学者对产业集聚与创新集聚的关系进行了研究，发现产业空间分布与创新空间分布不一致，不同产业差异巨大，高技术产业集中更容易产生创新集聚，也就是说有利于知识外溢的产业集聚更有利于创新集聚。

有关于创新集聚的研究可追溯到熊彼特，结合产业集聚研究技术创新的时期，发现创新并非孤立发生，并且时间分布也并非均匀，创新往往集群发生。其集群发生即成簇发生的原因：一是成功的创新后会存在追随创新，二是创新并非随机分布，而是发生在特定部门。熊彼特认为产业的集聚为创新提供了有利的条件，创新需要各主体间的相互合作、竞争，创新需要依靠集聚达成。有学者基于网络视角研究创新集聚，认为创新集聚是知识扩散效应下创新不断产生，形成的一种集聚现象。创新集聚强调创新资源的整合，创新集聚是在创新资源整合和合理配置的基础上，以企业和科研机构等创新主体为载体，利用各主体的创新优势，通过知识的交流，各创新主体相互协作，形成协同创新。

通过研究产业集聚与创新集聚作用关系，我们可以知道在数字技术的推动下，制造业更倾向于集聚起来，共同利用区域内的基础设施，同时分享人力以及技术溢出资源，产业集聚在知识溢出强度大的时候会产生创新集聚现象。创新集聚是集聚的企业间的相互协作和竞争，以及创新要素的集聚，知识的外溢，创新资源优化配置导致的创新活动集聚发生。在创新资源、创新活动集聚下，充分利用这种集聚，可能对制造业整体绿色低碳发展具有积极影响，绿色创新绩效可能因此提升。

（七）数据赋能

国内外的数据赋能研究主要可以分为两个方向，一是国外学者对授权赋能理论的进一步拓展，另一个则是国内学者以及国内外合作学者对数据、数据技术资源在企业经营过程中的赋能价值共创、赋能生产制造升级。

1. 授权赋能

授权赋能是指在工作环境和具体的工作条件下为员工提供信息和资源从而实现提升员工能力的概念，并特别指出授权赋能是指将权力分配给在整个组织中相对弱势的成员。

而在授权赋能的理论拓展中，国外学者将赋能对象划分为组织和个体两个维度，即组织的组织赋能和个体的心理赋能，主要研究企业中的弱势群体如何通过数据、数据技术来提高自身的能力，以获得更多的权益的过程。

2. 价值共创本质

在价值共创本质的研究方面，杨学成、涂科（2017）将价值共创具体定义为企业组织与客户直接互动并且共同创造价值的过程概念。在价值共创的理论基础上，国内许多学者从企业内部、外部的角度，对数据赋能价值共创机制进行深入研究，对企业的商业活动和社会活动梳理了数据赋能的具体方向，包括：顾客赋能、员工赋能、政府赋能等。

3. 数据赋能的作用

在不同的行业领域内，数据赋能具有不同的作用。但是随着国家在战略高度对制造业转型提出新的要求的同时，为匹配“中国制造 2025”的战略执行，学者们高度关注制造业的转型升级。同时，随着互联网时代的发展，数据、数据技术的深度应用领域也拓宽到了制造业，驱动了更多行业领域对数据、数据技术的应用需求。在数据赋能生产制造升级方面，国内学者主要关注的问题为制造企业的敏捷制造问题。

（八）绿色制造理论

绿色制造一般称为环境思维制造、面向动态环境的制造等，同时考虑了环境影响和单位资源使用效率的一种制造模式。绿色制造的主要目标是产品生产的全寿命周期中的各个环节相互作用和影响下，既能将环境的不利影响降到最低，又能使得单位的资源利用最大化，又能兼顾企业和国家环境效益、社会效益的全面协调发展。

绿色制造已经随着环保意识的觉醒在全球掀起了浪潮，严峻的环境挑战已成为世界各成员国领导人异常关注的点，并通过各种国际公约为各国制造业发展制定了规则，传统高功耗的制造业必将在此背景下被各国抛弃，绿色制造技术绿色能源、绿色材料等所构成的绿色制造体系将贯穿于整个制造业模式的转变之中，通过对制造各个环节的节能、减排、降污染等措施，生产出符合排放标准和节能标准的合格绿色产品。同时各国也通过出台相关法律来规范企业的生产制造行为，并且随着各机构不遗余力的宣传与推广，大众的环保意识逐年增强，对于那些在生产过程中不贯彻绿色制造的企业，将会在市场竞争和政府管控的双重压力下走向末路，绿色制造的发展势在必行。

企业是绿色制造的实践先锋，企业在绿色制造的转型中，需要的不仅仅是依靠提升机械设备的先进性，更重要的是结合企业自身和行业发展现状，进行体系化的建立与提升。由于世界上对绿色制造达成共识的时间并不长，所以针对绿色制造研究的理论体系也并不十分完整，以绿色制造转型为大背景，在行业内选取了具有代表性的公司，并通过对绿色制造的技术难度，经济效益等方面的研究，探索其智能化体系的建立，为构建绿色制造转型以及完善绿色制造下的智能化理论体系，拓展了深度和广度。

二、制造业企业数字化转型影响因素与驱动力分析

（一）制造业企业数字化转型影响因素

制造业企业的数字化转型策略选择及其在行业范围内的演化趋势，受到来自企业内部的资源禀赋影响，也会受到来自企业外部的其他企业、政府、平台等作用。按企业在市场环境中的路径依赖理论，影响制造业企业的数字化转型动机的主要影响因素包括了企业特征、行业环境和区域环境。

1. 企业特征

在企业特征方面，企业的初始规模、企业的发展阶段以及其管理层对所能承受的风险都对企业实施数字化转型策略有重要的影响，企业的内部资源能力是企业选择数字化转型升级策略的重要基础。在初始阶段，制造业企业的传统模式是通过扩大规模以强化规模经济效应，从而提高企业的生存能力，而到成熟阶段，企业将以产品、技术、商业模式创新为主要动力，在一定程度上会弱化初始规模的影响作用。此外，企业的年龄在企业的转型升级过程中也会产生关键影响，随着企业的生存和发展过程中所积累的经验增加，企业在面对潜在风险的感知能力和承受能力也不断提高，从而使得企业在生产经营乃至数字化转型中面临的退出风险呈倒 U 趋势，随着企业对自身能力的把握和对环境的适应，这类风险会逐渐减小。

2. 行业环境

在行业环境方面，不同的制造业细分行业内的数字化存在较大的差异性，中低数字化程度的行业内，企业所属的行业经营环境对企业的数字化转型具有重要影响。如果行业环境良好并且有相关组织能够对行业资源进行系统性配置，为企业的生产制造数字化提供便利性，行业内的数字化鸿沟较小，数字化协同程度较高，则能够在一定程度上推动该行业内的企业数字化转型、合作与协同发展。此时，数字化投入给企业带来的是传统优势产品的生产制造环节赋能，通过数据赋能企业生产制造环节的方式实现新旧动能转换，提

高优势产品的市场附加值的同时，降低产品个性化定制所需要耗费的单位成本。并且，市场的监管体制改革、行业的竞争波动、社会的文化发展等来自行业环境的要素变化都会影响到企业的转型成功与否。

3. 区域环境

在区域环境方面，即便是同一行业的不同企业所处的区域环境特点都各不相同。不同的区域之间的资源匹配、人才供给、技术供给和政策供给都存在一定的差异性。在企业选择数字化转型的演化过程中，其转型升级受到来自外部环境的影响，而区域环境下的正式制度差异对企业的数字化转型也会产生巨大的影响。同一区域内的微观企业之间相互作用、约定俗成的规范、文化和认知等非正式的制度要素也对企业的数字化转型行为选择产生间接的作用。

（二）制造业企业数字化转型驱动力分析

制造业企业在数字化转型的过程中的驱动力可以划分为直接驱动力和间接驱动力，也可称为内在需求（内在驱动力）和外部供给（外部驱动力）。

内在驱动力主要包括：业务流程优化、制造技术升级、企业组织优化；外在驱动力主要包括：政府部门推动、同行企业竞争、行业平台支持。

1. 内在驱动力

（1）业务流程优化

随着互联网技术的广泛应用，从企业需求的角度来看，企业需要为消费者提供更加能满足消费者需求的产品和服务。这就需要企业能够敏锐地获取消费者的需求特点，并及时且精准地实现产品和服务供给。一方面，在产品研发、设计、生产制造和交付时需要充分结合消费者的需求特点，并且能够实时地传递到生产线上，在不影响现有生产线效率的同时实现企业的个性化需求满足。例如，三一重工集团可以通过互联网控制中心和生产团队的高效连接，利用信息服务系统，进行远程设备监控，并且通过预警机制对设备的状况进行预警和维护。

（2）制造技术升级

我国的制造业企业要实现转型升级和创新发展的根本出路在于要进一步深化制造业的供给侧结构性改革，特别是要加快发展智能制造，推动制造业的数字化、网络化和智能化发展。通过制造技术颈部提高制造业企业的产品质量和服务质量，提高行业范围内的劳动生产率，从而实现行业范围内的整体技术水平和运营水平的提高。加快推进新一代智能制造技术的应用，推动企业生产运行真正实现安全、可靠、高效、绿色。

（3）企业组织优化

传统制造业企业的组织结构主要受限于企业所处的工业化体系，企业内部的信息结构从处于不及时、不连续、不细化和不完整变为及时、连续、细化和完整，对组织而言是一种结构性的变革，使组织的运作从机械式运作转变为生命式运作。而新一代的信息技术在制造业企业的组织赋能中，为企业提供了信息结构的升级，提升了企业的信息传递及时性、稳定性、连续性和完整性，不仅降低了企业内外交易成本和运作成本，还能够为企业提供大量的创新空间。只有当企业的组织得到信息结构升级，以新一代数字技术赋能企业的组织活动，才能说企业真正进入了数字化时代。

针对企业的外在驱动力主要包括：政府部门推动、同行企业竞争、行业平台支持三大方面。

2. 外在驱动力

（1）政府部门推动

由于制造业企业实施数字化转型策略对企业自身、行业建设和社会发展都有正面的外部效应，因此政府的宏观干预主要是通过激励的方式进行，一方面可以通过提高企业信心，让企业能够思考更长远的计划，从而提高数字化转型策略在企业战略管理中的地位；另一方面可以通过构建具备公信力的行业评价标准，并配以个性化的、差异化的激励手段，提高企业的短期收益降低企业的数字化转型成本。

政府激励下推动先进型企业和落后型企业主动实施数字化转型策略的启

示如下：

首先，政府的激励需要在供给量上匹配企业的需求，更需要结合企业在是否积极主动地实施数字化转型策略，设计出能够匹配行业现状的激励措施。当两家企业都处于被动实施数字化转型策略时，具备一定优势的先进型企业仅需要少量的外部激励则会转变为主动实施数字化转型策略，而稍微落后的落后型企业则需要激励程度足够高才会有所转变。政府在制定激励机制时需要根据企业的情况进行个性化资源配置，达到同时提高先进型企业和落后型企业的积极性的目的。

其次，激励供给与企业实际不匹配的现象在激励水平低时，会对主动实施数字化转型策略的企业产生严重的负面影响。在激励供给量小的情况下，对于已经选择主动实施数字化转型的企业而言，如果另一方被动实施数字化转型但却能够在政府的补贴中拿到相对较高的激励，则会对主动积极实施数字化转型的一方产生严重的负面效应，从而造成该企业在多次重复决策中最终趋向于被动实施数字化转型。这种情况只有在激励水平比较高的时候消失，即当激励水平比较高时，已经选择了主动实施数字化转型的企业即便是获取的激励补贴与其基本情况不匹配，仍然会坚持主动实施数字化转型。因此，当政府的激励资源供给量相对较小的情况下，尤其需要注重激励与企业需求相匹配的问题，激励机制的设计与实施需要在保证现有已经在进行数字化转型的企业积极的前提下，对仍处于被动实施数字化转型的企业进行引导。

最后，无论是激励供给高或低，为促进企业主动实施数字化转型策略的评价标准都需要进行科学的设计，具体而言，可以通过企业评级制度进行初步划分，根据处于不同层级的企业的共性需求进行有针对性的激励。例如，处于相对低层级的企业可能比较需要资金上的支持，处于比较高层级的企业可能需要社会资源或者相关牵头项目的支持。在分级制度实施前提下，针对不同层级的企业需求支持，设置与之匹配的过程监督机制，例如进行现场审查、监督抽查等多种方式结合，实现对专项资金、项目实施等进行科学监督。

（2）同行企业竞争

先进型企业和落后型企业对实施数字化转型策略都有两种行为策略：主动实施数字化转型和被动实施数字化转型。

其中：主动实施数字化转型是指企业首先从意识上高度重视数字化转型，其次是企业正在或者已经建立数字化转型规划，最后是企业正在逐步完善企业的流程、技术和商业模式等方面的数字化建设。被动实施数字化转型是指企业在数字化转型过程中积极性不高，缺乏主动探索企业数字化转型路径的精神，不仅不重视科学的数字化转型思维的培养，还可能尚未建立数字化转型的规划，如企业的流程、技术和商业模式等进行数字化建设的规划。

被动实施数字化转型在实际中不仅对企业的自身的长远发展有阻碍作用，还会成为同行业的其他企业数字化转型实施过程中的负面影响因素。因此，这两种行为策略的决策构成了一个相互作用的动态演化系统。

① 在市场机制的作用下，只有当先进型企业和落后型企业实施数字化转型能够带来的收益大于其“搭便车”的总收益与初始收益的差值时，意味着从短期看企业能够获取的收益能够弥补企业的投机行为带来的收益。等价于当先进型企业和落后型企业都主动实施数字化转型的总收益要大于其被动实施数字化转型的总收益时，无论是先进型企业还是落后型企业都会选择主动实施数字化转型。

② 当只有先进型企业或者落后型企业（企业 UE）其中一方实施数字化转型能够带来的收益大于其“搭便车”总收益与初始收益的差值时，在长期博弈中，该企业最终会主动实施数字化转型，而另一方会被动实施数字化转型。这也导致了行业数字化转型存在一定的波动性，由于短期“搭便车”存在便利性，造成了企业主动实施数字化转型的动机不足和坚定性不强等现象，从而导致了行业范围内的整体数字化转型协同进程不易推进。

③ 在市场机制的作用下，先进型企业和落后型企业的行为选择特点在多重因素作用下变得更加不确定。因此，对于先进型企业和落后型企业的数字化转型激励机制的制定，不仅需要制定科学的评价标准，还需要配合适当的

量化方式进行资源个性化、差异化分配制度。通过弥补被动实施数字化转型的群体的投入收益的方式，提高其主动实施数字化转型的群体积极性，从而推动整个行业的数字化进程。

（3）行业平台支持

仅仅依赖制造业企业自身实施数字化转型存在一定的困难，而且政府在对制造业企业实施数字化转型的激励措施在供给量小的时候容易产生影响企业实施数字化转型的负外部性。因此，针对给予企业的相关激励需要与企业的实际需求相匹配，而如何量化需求匹配程度则需要外部的参考指标。

故引入第三方平台，平台的作用是为制造业企业实施数字化转型提供专业的解决方案。一方面，作为专业的平台在进行方案制定时具备更专业的团队，能够全面观察企业的特质并从系统层面为企业制定具有指导性、科学性的综合数字化建设方案；另一方面，政府的激励措施通过企业、平台进行配置，能够实现双方相互监督，并推动数字化转型的市场化运作方式升级，从而实现多方面补贴资源高效利用。

激励第三方平台积极地为企业制定数字化建设方案的启示如下：

首先，在第三方平台的收益系数较低的情况下，由于平台通过简单的销售方案能够获得相对更高的利润空间，因此对于平台而言更倾向于选择成本更低单次获利更多的通用方案销售。而通用方案的应用对企业和行业的发展存在一定阻碍作用的，会对企业家的数字化转型信心，行业的数字化建设环境等产生负面效应。因此，当第三方平台的收益系数较低时，政府的调节作用必须依赖于收益系数调整，监督机制和激励机制结合的方式将平台的收益补贴与对应的企业方案建设相挂钩，从而实现提高平台的收益系数的目的，避免平台获得补贴的同时还维持消极制定数字化建设方案的现状。

其次，在平台效应明显的行业内需要通过平台降费的方式维持企业主动实施数字化转型的积极性，无论哪个企业主动实施数字化转型策略的驱动因素都是在满足企业的基本生产经营需求的前提下进行的。而当行业数字化建设方案的提供者在为企业提供方案时具备绝对的话语权时，当收益系数的大小仅为一家之言，则会对企业主动实施数字化转型策略产生负面影响。因此，对于该种情况下的行业发展，政府对企业的激励机制则不仅仅需要进行个性化的资源分配，还需要实现与第三方平台制定的数字化建设方案相关支出相挂钩，以确保专款专用，保障行业范围内的数字化建设项目有效推进。

最后，科学的、可靠的、具备公信力的支持标准是实现先进型企业、落后型企业和第三方平台协同推进数字化建设的重要依据。通过建立科学的、可靠的标准，让未进行数字化的企业了解采购有益于企业生产经营发展的数字化建设方案所需要的投入，让正在进行数字化的企业能够得到与其企业自身相匹配的方案支持和资源补贴，让已经成功实现数字化转型的企业能够通过自身优秀的经验反哺评价标准。同时，以优秀的企业案例不断完善平台方案知识库，为第三方平台以科学的数字化建设方案支撑企业的数字化转型升级提供源源不断的先进知识，从而构建实现行业数字化转型的良性闭环。

三、数字化转型的内涵及维度划分

（一）数字化转型的内涵

数字化转型作为各国的竞争高地，我们还应该更广泛地收集其多角度的定义。国务院发展研究中心定义其为依托新一代信息技术，构建数据闭环，打通数据壁垒，达到整体效率提升，构建全新数字经济体系。在对其进行定义过程中，咨询机构也充当着重要角色，提出了适用于各行业的数字化转型方式。埃森哲将数字化转型定义为利用新一代信息技术结合业务，打造智能化运营、数字化创新两大数字能力，形成数字营销、智能生产、智能管控、产品创新及服务创新、数字化商业模式和数字创投孵化的新优势。我国数字化转型的领先企业也结合自身经验对数字化转型进行定义。华为认为数字化转型是对数字技术深入流程业务应用，构建全连接的数字世界，通过这个全智能的数字世界优化物理世界，对传统管理、业务以及商业模式进行创新，从而实现业务成功。根据不同主体（国家、咨询机构和头部企业）对数字化转型的定义我们可以总结出数字化转型的特点。

第一，数字化转型是以新一代信息技术为动力，为各类产业赋能。这里的新一代信息技术与前文的数字技术一致。融合是数字化转型一个重要特征，无论是不断发展的数字技术之间的相互融合，还是数字技术与制造业各个流程相融合，都为数字经济发展提供了推动力。对于制造业，则是在研发、制造、营销和服务等多个方面提升其数字化能力。

第二，数字化转型是业务的数字化以及业务集成融合。业务数字化是相关业务应用数字技术进行创新发展，实现一种以新的生产要素数据作为动力改善业务运行和资源配置的发展方式。一般我们所指的业务的数字化包括整个价值链的基本业务以及支持活动的数字化。一是研发以及产品设计的数字化，主要涉及数字化建模、仿真优化设计，以及研发管理智能化，以促进整个设计过程智能化。二是制造环节的数字化，包括生产流程管控的数字化，生产工具的数字化，生产活动现场的数字化，生产资源精准配置和灵活调控。三是营销以及服务的数字化，以用户为中心，关注用户需求，在数字经济下以新的营销方式，实现营销资源的重新配置，开辟新的营销方式。业务集成融合是在系统层面，不局限于各部门和业务内部的改善，是不同层级业务的集成，是整体的协同优化。业务集成融合可以依靠价值链、产品生命周期集成融合。

第三，数字化转型通过改变企业战略，重塑商业模式，实现创新发展。很多学者在谈论数字化转型时，重点强调的就是数字化转型战略，认为其是企业战略的重要部分，并强调数据驱动在整体战略的支撑作用。据此制定数字化转型的目标以及措施，以新型能力建设、技术改造、业务转型、创新升级为路径，将数字化转型战略融合到整体战略，助力总体战略的实现。在数字经济环境下，为了应对环境的迅速变化和不确定的市场竞争，增强竞争合作优势和战略柔性，组织间的竞争模式也逐渐改变，由关注竞争转向构建竞合关系，摒弃零和博弈的竞争态度，将合作的层次从单一的产品、资源要素升级到数字化产品与服务、新型能力体系建设，将合作的对象从同类企业上升到整个产业链以及生态圈之间的竞争合作，共建数字化平台，实现集聚创新发展。

（二）数字化转型的维度划分

本书着重从数字技术对制造业各个业务环节赋能的视角，研究制造业在数字经济环境下，如何利用数字技术进行数字化转型，在研发设计、生产制造、营销以及服务环节以数字技术的新特征实现转型，实现中国制造业创新发展。

1. 数字化研发转型

在以往的研发过程中，企业主要是依据已有经验展开研发活动，具体可以分为两方面，一是内部创新，在本企业员工的经验和知识积累的基础上进行自主创新，二是合作创新，联合外部主体，通过股权收购、股权或契约式战略联盟以及众包等方式，利用外部知识来实现开放式创新。无论内部还是外部合作创新均属于基于经验知识的研发，而有研究发现基于经验的研发模式可能存在成本高或是周期长等局限，但是这些局限能用大数据分析技术改善。

对比如今的研发活动和将来使用数字技术的研发活动，对比当下刚性的研发流程，将来的数字化研发将更加灵活；相对于外部交易合作更倾向于分布式共享协作；研发方法也将是开放数据的科学创新，不再是封闭的创新；机器从自动化变为智能化工具；研发也不仅仅依赖于现有的工具和预编程功能，而是动态地利用高级工具而非静态。随着企业规模的不断扩大，需在各地区开展业务，此时各个地域不同部门的协同设计，以便及时响应市场的需求就变得十分重要，工业互联网为研发设计的协同提供了便捷的环境和工具，特别是在数字通信技术如5G的支撑下，各地的研发人员可以方便、实时地沟通，快速传递研发设计图像、三维图形，这种跨区域协同研发和制造，有利于产品研发周期缩短、提高生产效率、降低研究开发成本同时保证产品不断优化。数字化研发转型是指在研发过程中应用数字技术，提高研发创新效率。

一方面应用数字化研发设计工具，将计算机辅助设计制造以及模型知识库用于产品研发设计，优化研发流程，利用虚拟现实等技术缩短研发周期，降低成本。一方面打造协同研发创新平台，通过网络化平台，有效整合全球的制造、服务和智力资源，加快产品研发。

2. 数字化制造转型

随着新技术的兴起，其融入制造业的进程在加快，促使制造过程精益化，数字化制造成为推动制造业效率提升的重要力量。制造执行系统（MES）和自动化系统在制造过程中的应用，可以提高设备利用率，减少闲置导致的资源浪费，降本增效，提高制造过程的精益程度。精益生产、网络协同化定制、个性化定制以及大规模定制等多种数字化制造方式，不仅有利于精准控制参数以降低成本，也可以提高制造业企业的灵活性，使生产过程更加柔性化以达到更高的生产效率，同时可以应对各种突发情况。定制化生产，以及应用到生产制造中的3D打印技术，缩短了与用户之间的距离，通过不断进行的与客户互动，提升了效率，产品更新换代以及周期不断缩短。总之，在制造过程应用数字技术促进了制造业的数字化程度。数字化制造转型就是指在制造过程中应用数字技术，实现企业内部信息系统集成，提高生产效率，降低成本。

3. 数字化营销转型

利用数字化技术丰富客户范围，通过数据挖掘收集客户交易信息，通过分析客户的需求，满足个性化需求，挖掘并抓住长尾用户。通过运用客户管理系统等技术，获取客户信息，用大数据分析实现更精准的营销。数字化通过在线市场（线上采购、线上销售）影响着价值链的下游，也影响着生产经营过程，在大数据分析等数字技术的助力下，这种新的营销方式颠覆了传统制造业供应模式，使生产到营销更加灵活，根据需求的变动，制造业也更容易做出实时反应，避免了因信息滞后而导致的效率低下等问题。制造业营销转型就是利用数字技术对数据进行分析处理，以新的、灵活的营销方式对需求变动及时反映，通过线上和线下两种渠道开展营销活动。

4. 数字化服务转型

是指通过应用数字技术获取的数据，进行数据分析，以新方式提供新产品及服务。数字化转型对服务环节具有重大影响，一方面，数字技术提供了新的方式向客户推广产品和服务，同时提供网站平台收集信息及时反馈，以及时为客户提供个性化服务。在某些情况下，数字转型会影响公司的品牌，因为它可以提高品牌知名度，或实现品牌重塑、品牌更新或创建新的（附属或下属）品牌。另一方面，在应用数字技术对数据进行分析的基础上，研发个性化新产品或是提供定制化服务。数字化服务的实现要依托于工业软件，嵌入式软件作为工业软件的一种工业控制等领域应用越来越广泛，嵌入式软件的应用，不仅使制造业的产品智能化，也有利于监控产品全生命周期，为产品全生命周期提供维护维修等增值服务。数字化不仅能够改进预防性和前瞻性维护，而且能够通过各种软件更有效地创造和获取价值组件。制造业服务转型就是依托数据和软件技术，向产品链增值服务以及综合解决方案服务等方向延伸。

四、制造业数字化转型对绿色创新绩效的影响因素分析

（一）制造业数字化转型对绿色创新绩效的影响

数字化转型与绿色创新绩效的研究较少，部分仅从理论角度说明数字化对绿色发展影响方式，说明数字化对绿色发展的促进作用。

张亚斌（2014）研究发现两化融合对环境污染具有抑制作用，从而可改善工业环境治理绩效。谢雄标（2015）研究了数字化三个基本特征对企业绿色发展的作用，智能化优化工艺流程使生产过程绿色化、资源配置高效化；网络化利于形成多方参与的绿色创新网络组织，通过信息平台树立绿色形象获得竞争力；大数据有利于科学决策满足客户需求，为绿色发展更好地提供资源保障。

现有实证研究主要是数字化转型对绿色发展或创新绩效的影响，证明了

数字化在不同地区、不同产业中的促进作用可能不一致，但是大部分实证均表明数字化对绿色创新或创新绩效发挥着促进作用，数字化改变了创新系统。程文先（2021）研究了数字经济对我国绿色全要素生产率的影响，数字经济对绿色全要素生产率存在边际递增的非线性提升作用，并且地区行业规模越大，数字化基数设施越强，越能发挥数字经济促进绿色创新的优势。程中华（2019）研究表示信息化已成为促进工业绿色增长的重要因素，低耗能、低污染、高技术且具备强盈利能力的行业更能让其充分发挥出促进作用。周青等（2020）的研究则表明不同的数字化水平维度对创新绩效影响不一致，接入水平维度有利于创新绩效，而装备、平台建设以及应用水平三个维度与创新绩效呈现先升后降的倒 U 型关系。Feereira（2019）以葡萄牙 938 家公司为样本，通过多元统计分析，发现企业家和管理者的个人信息以及这些领导者进行数字化转型有助于这些公司提高自己的竞争力，同时这项研究表明，数字化将是一个存活的问题，也是一个增加公司创新和绩效的创业机会，也就是说数字化转型可以正向影响创新绩效。数字化转型通过使创新主体网络化、创新资源高效配置、创新机制一体化平台化以及创新环境的优化对国家创新体系产生了影响，这一影响将对绿色创新系统产生深刻影响。

1. 数字化研发转型对绿色创新绩效的影响

根据产品全生命周期成本理论，产品成本和质量大多在研发阶段就已经决定。因此，产品研究与开发过程应在以绿色发展为目标的生产制造中被重点关注。首先，应该注重前期工作设计与资源分配，在前期研发中将绿色创新与发展的理念融入产品设计中，在开发初期合理设计，统筹资源投入，提升产品和流程设计能力，提高产量，减少返工或因流程设计不合理导致的浪费，向绿色创新发展，降低后期环境压力。其次，数字化技术在研发阶段应用数字化建模与仿真优化和研发管理中，将计算机辅助设计和制造以及模型知识库等方法用于研发设计，优化产品设计和管理流程，有利于在研发设计阶段融入绿色创新与发展的理念，促进制造业向绿色、低碳、清洁的方向发展。研发设计环节的数字化是以建立产品模型为基础，目的是优化设计，管理研发设计相关数据，构建研发设计的数字化平台和环境，通过相关产品的全生产周期的数据管理，实现数字化流程支撑的产品设计研发。而绿色创新发展也涉及整个产品的生命周期，绿色研发设计作为产品生命周期的开端，能够对材料选用、工艺规划以及产品报废后处理的绿色性起到决定性作用，依靠数字化技术，分析产品全生命周期数据，进行绿色研发设计，可以做到使整个生产系统本身绿色化，通过数字技术促进绿色创新绩效。

大数据可以改变企业产品研发的模式，制造业企业利用大数据分析相关的方法和工具，可以画出更加详细的消费者行为画像，捕捉有价值的细节进而将其运用到研发中。Tan（2017）等认为大数据等技术的应用降低研发成本，缩短研发周期，对控制研发风险具有重要作用。池毛毛（2020）对中小制造企业的新产品开发绩效提升方式进行研究，发现数字化转型通过研发利用和研发探索对其绩效产生正向影响。数字化研发对于绩效的影响体现在两个方面，通过数据与业务协同，数字化为研发赋能，一是，依靠数据部门引入大数据分析技术提升研发绩效，进一步提升创新绩效；二是，研发部门在具体应用数据进行决策过程中通过学习与迭代形成制度创新，知识经验积累进一步促进创新绩效。

数字技术的发展，逐渐改变制造业企业产品研发的方式与速度。因此，根据上述分析得出制造业数字化研发转型对绿色创新绩效具有一定的促进作用。

2. 数字化制造转型对绿色创新绩效的影响

数字化制造是指在数字技术与制造业融合，为制造业赋能的背景下，在工业互联网、虚拟现实、大数据等技术的支撑下，根据用户需求，对已有的信息数据进行分析，以获得高效率、集成的制造过程。绿色制造模式则是在整体的视角下，对产品从原料制备—生产制造—产品报废—最终资源回收利用的全过程环境的问题进行综合分析。通过对产品质量和寿命优化与延长、降低制造的消耗，同时加强各集聚区、行业与社会间的生态链接，来实现环境成本最小化。绿色制造注重使用高科技手段降低能耗，而数字化制造旨在利用数字技术对制造全流程进行优化，实现质量及效率的提升。两者的手段和目的均具有重合之处，属于相互补充促进的关系，因此我们可以借助数字技术推进数字化制造转型，持续以数字化制造系统的方法减少生产中的浪费，促进资源的循环利用，在数字化制造过程中实现绿色创新发展。

数字化制造有利于利用生产过程中的闲置资源，数字化制造可以通过提升生产效率、削减成本等方式增加生产能力，优化配置生产过程中的资源，为绿色创新提供资源保障。童有好（2015）提出发挥信息技术在工业中对数据的集聚作用，可以提高产品运营决策以及绿色制造水平。因此，数字化制造转型对制造业实现绿色创新发展具有促进作用。

3. 数字化营销转型对绿色创新绩效的影响

数字技术下的制造业营销效率提升，营销方式的变化以及对利基市场的开发，减少了市场需求与生产的信息不对称，以更节约更绿色高效的方式进行销售活动。越来越多的制造业企业采用电子商务的形式进行销售，改变营销模式，开拓新市场。利用大数据分析在适宜的时间下以合适的媒介对用户精准投放，以实现营销效果的数据化，掌握营销周期减少浪费。对于市场营销中普遍存在风险较高的“牛鞭效应”，即制造商生产供应、库存管理与营销的不匹配性。

在大数据手段的助力下，制造业更能够规避或化解这种需求放大的变异现象风险，通过对数据的管理能够更加精准有效地预测，降低了风险提高了效率。有学者研究表明，数字化能促进销售活动从而提升企业绩效，而其正向影响刚好被数字化对管理活动造成的成本增加所抵消，导致了数字化程度对绩效整体没有表现影响。因此，本书提出制造业通过数字化营销转型对绿色创新绩效具有正向影响。

4. 数字化服务转型对绿色创新绩效的影响

有学者从产业和区域层面来阐述数字化平台及智能服务网络的作用，通过实现不同产业的大数据共享，促进生产要素流动，不仅促进了产业智能化转型升级，同时提升创新绩效，实现各区域的协调发展。也有学者对制造业服务化影响绿色创新绩效的影响机制进行研究，表明该影响现存在显著的区域异质性，长江经济带比非长江经济带的制造业服务化对绿色创新影响更大，且创新集聚在制造业服务化影响绿色创新绩效中发挥中介效应。数字技术的连通性使个体间的价值共创、利用用户数据提供数字化服务生态系统成为可能，突破了服务创新依托于产品的理论限制，即数字技术可以通过提供服务平台促进集聚和价值共创，形成服务生态系统以促进平台的服务创新。另外，智能产品的发展与普及，为制造业在售后服务环节获利提供了机会，嵌入式软件的应用，不仅使制造业的产品智能化，也有利于监控产品全生命周期以提供维护维修的一系列增值服务。因此，制造业数字化服务转型可以通过智能化产品、大数据平台，获取数据并进行分析，从而提升绿色创新绩效。

（二）创新集聚对绿色创新绩效的影响分析

已有研究多集中于制造业集聚与企业绩效、创新效率、创新绩效之间的关系，以及集聚如何影响创新绩效，也有学者研究集聚对绿色创新绩效的影响。然而关于创新集聚对绿色创新绩效的影响尚未被探明，学者们从不同的视角出发，研究了不同产业、不同地域集聚对于绿色创新绩效的影响，也研究了创新集聚对全要素生产率的影响，并表明这一影响并非总是正向的，不同产业、不同方式都可能会影响其作用方向。从影响方式上来看，产业集聚可以通过多种机制影响创新效率，包括竞争和合作效应、知识溢出效应、规模经济效应等，但过度集聚带来的影响可能是非正向的。也有学者研究了不同的技术获取方式给绿色创新绩效带来的影响不同，集聚与自主创新的协同对其发挥促进作用，集聚与技术购买和引进的协同对其发挥抑制甚至负面作用。有学者总结出创新集聚影响全要素生产率的两条路径，一是促进高端要素流入，二是形成区域创新增长极。也有不同观点认为创新集聚对全要素生产率的推动机制是推动技术进步而非效率提升。从影响方向上来看，一部分学者证实了促进作用，主要针对的是高技术产业集聚，证实了其集聚通过促进绿色技术创新提升了绿色生产效率，又通过技术溢出效应和规模经济效应促进了绿色技术创新绩效。另外也有一部分学者研究发现部分行业产业集聚对绿色创新绩效的影响是负向的。也有学者认为集聚不会自动和直接地增强企业在其中的创新活动，集聚只是为了更好地创新提供了环境，集聚与否可能根本没有区别，甚至可能抑制创新。

综上研究来看，一方面，集聚过程具有各种正向的外部性，有利于推动技术进步，提高各种要素（资金、人力、数据、知识等）的利用效率，从而对绿色创新发展表现出积极正面的作用；另一方面，集聚也有可能增大要素需求量、低端行业集聚可能出现不正当竞争，扩大生产规模增加了要素投入量，当积聚到一定大的规模时，可能出现“拥挤效应”不利于实现绿色发展。因此，我国制造业发展过程中势必将经历的集聚现象，创新集聚对创新驱动绿色发展影响方向如何，具有什么样的作用机制，值得我们进行探索。

（三）环境责任的调节效应分析

制造业数字化转型蓬勃发展，其发展有利于实现绿色发展，而这种促进作用在何种环境下发挥作用以及其在现有环境下是否能够发挥作用还未可知。数字技术的广泛应用，也引起了学者们对其本身引发的环境影响进行探讨，大数据中心的巨量耗电问题曾被学者广泛研究，有学者认为其运行对能源的消耗应该引起重视，如何以绿色创新的方式发展制造业数字化转型至关重要，环境责任作为一种对环境主动或被动承担的责任在这一影响中起到一定作用，因此，我们有必要探究环境责任在其中的作用。有学者对数字技术与环境责任的关系进行分析，提出数字化转型过程中，利用数字技术可促进生产者履行环境责任，生产者扩展责任制（EPR）是一种用于强制执行电气和电子设备生命周期管理的监管措施，这能使制造企业更关注产品全生命周期的绿色，承担环境责任。更多学者对环境责任与绩效、环境责任与技术创新之间的关系进行了探究，有学者研究发现履行环境责任促进技术创新，进而可以促进财务绩效。人们还发现，外部环境投资（捐赠）与公司的财务绩效之间存在着微弱的积极的关系。具有环境意识的公司和不具有环境意识的公司的盈利能力之间存在显著差异，即有较高环境投资的企业获利水平更高，具备高的绩效表现。因此，本书认为在制造业数字化转型促进绿色创新绩效的过程中，环境责任发挥着调节作用。

第二节　制造业数字化转型的建设与优化

下面以DT新能源装备公司（简称DT公司）为例来介绍制造业数字化转型的建设与优化。

一、DT公司基本概况

DT新能源装备公司于2016年11月11日成立。DT公司目前雇用了100多人，研发部门的技术研发人员20余人。其中具有高级以上职称的1人，中级职称13人。公司董事长为公司最高领导者，公司所有事务由总经理负责，总经理直管财务部、研究院、总经办、生产中心、营销部等五个部门，其中财务部下属财管部、审计部、成本部三个子部门；研究院下属研发部和技术部两个子部门；总经办下属综合部、采购部、人事部三个子部门；生产中心下属生产部和售后部两个子部门；营销部经过拆分，分为市场营销部和销售部两个子部门。公司经营范围包括：自动化设备研发制造、电气自动化研发与系统集成、自动化产品生产销售、气动液压产品销售、单片机开发、工业应用软件开发等。其中主要产品有锂电池原材料生产窑炉配套生产输送线及其系统集成；配套的自动输送线可以实现全自动化智能化可远程控制化的生产模式。

公司自2016年成立以来，销售额年年攀升，尤其近两年实现了跨越式发展。合作项目有山东鑫动能自动循环线、贵州安达锂电窑炉生产输送线、容百锂电自动循环线等。

二、DT 公司智能化环境现状分析

（一）DT 公司外部环境分析

本书从政治、经济、社会、技术四个层面展开论述，以 DT 公司为代表的新能源装备企业在绿色制造转型的背景下，公司智能化体系建立过程中遇到的外部环境情况如下。

1. 政治环境

智能制造装备是将智能控制、机器视觉、人工智能、信息管理、精密机械零件和线材制造等技术结合起来，实现智能装配、检测、仓储、物流等功能，并能提供最优生产，兼顾个性化定制及协同制造方案的自动化装备。在我国，《产品质量法》《安全生产法》《标准化法》《消防法》《环境保护法》《环境影响评价法》等，这些都是国家有关安全生产的法律法规，然而这些法律法规的制定，也是保障了智能制造装备行业的良性发展。

近几年，我们国家政府的相关部门出台了一系列的产业政策，以扶持智能装备制造行业的发展。

我国重点产业的龙头企业预计将到 2025 年左右，能够实现初步智能化体系建立，使制造业企业基本实现数字化，到 2035 年，制造业全部实现数字化，重点工业重点企业实现智能化转型。

2. 经济环境

由于工业 4.0、工业自动化进一步普及，政府支持，监管合规性日益重视，供应链复杂性提高，以及对减少时间和成本的软件系统的需求增加，全球智能制造市场快速增长。随着制造业智能化的升级改造，我国智能制造产业实现较快的增长。智能制造在我国整个制造业中的比重将会越来越大，所以我国制造业增长值中，由智能制造产业产生增长值的比率也会进一步增大。我国智能制造市场规模到 2025 年将突破 55000 亿元大关。

发展智能制造和绿色制造，进一步推动制造业高端化、绿色化、智能化，用完善的智能化体系建设智能制造示范工厂是核心目标。

3. 社会环境

智能技术的发展，对生产生活的改变充满了无限可能。5G 无人驾驶、全息通信、AR 仿真训练、AlphaGo、移动支付等数不胜数的前沿科技应用，不仅仅给人们带来了相当精彩的体验，也更引发了人们对智能制造的密切关注。

智能制造无时无刻不在改变着人们教育、医疗、出行、娱乐等方方面面。人工智能的快速发展，和传统制造行业的深度融合，更大地推动了制造业的产业升级，成为中国乃至全球技术革新的催化剂。

用工成本的高涨极大地压缩了企业利润空间，制造业普遍陷入了发展困境，而智能制造的发展使得用工成本减少的同时又大幅提升生产效率，故而智能机器代替人力势在必行。

4. 技术环境

新能源装备制造的快速发展得益于物联网和大数据的发展，然而云计算、计算机技术、神经网络等技术的发展使人工智能技术的迭代速度之快超出人们的想象。其后，以信息物理系统 CPS（Cyber – Physical System）为代表的新一代智能系统的出现，使得计算、数据、通信、模块控制等互联互通。大数据分析、云计算、通过 CPS 技术，新能源设备的制造企业能够按照特定的需求进行生产，从而实现精确生产，对于企业的生产活动全面的结构性供给侧改革，从需求、设计、生产、管理等全面监测生产活动全生命周期的所有信息，深入指导智能制造的发展。

根据以上的分析，我们可以得出以下结论：在外部环境上，无论是国家层面的政策还是行业政策均鼓励传统制造企业在绿色制造的要求下，建立智能化发展体系，同时经济、社会和技术等方面也为公司智能化发展提供了优良的外部环境。

基于以上原因，DT 公司应充分认清外部的大好形势，加速推进绿色转型，引进先进技术，不断提高自动化和数字化水平，建立智能化体系，积极推进公司向智能化方向快速发展，并须加强人才队伍建设，为企业信息化系统的建设提供了强有力的保证，打造差异化优势，增强工业企业的核心竞争力。

（二）DT 公司智能化内部环境现状

1. DT 公司业务发展方向

DT 公司近 3 年来业务量增量迅速，实施重点项目主要包括：

① 普通锂电池原材料生产循环线项目。实现对常用锂电池厂商的电池组的上料、除尘、方向位调整、外观检测等工序的自动化生产及控制，包含生产过程中的物料消耗、工位状态监测、产品监测等；包含生产线控制系统、机械结构、自动机器人等柔性制造单元的联动控制，每年新增产能 10 万吨，新增产值 2000 万元，项目均已竣工。

② 新能源汽车锂电池正极材料（三元）自动化循环线项目该项目实施为，一拖三总线建设，包含对工位、线体的机械结构设计、气动及电控系统建设；匣钵破损检测及品控系统建设，含软件及硬件系统开发等，每年新增产能 10 万吨，新增产值 2000 万元，项目均已竣工。

2. DT 公司的内部环境竞争力分析

① 品牌力发展迅速：因公司成立时间短，产值不高，所以公司的品牌力相对较弱，随着公司业务的快速做大，公司的品牌影响力也在迅速增加。

② 研发能力较弱：公司的创始人基本来自传统制造业，对企业智能化的认识不够全面，导致至今公司的智能化没有完全跟上时代。由于 DT 公司成立年限相对较短，对传统制造业思维延续，只专注于产品本身品质和生产过程中技术的应用，而对近年来爆炸式发展的智能化体系重视程度不够，智能化规划与管控能力不足，智能化整体规划设计及推动实施上并不尽如人意，再加上研发人才体系的缺失，导致公司研发的速度远远跟不上行业的发展。

③ 制造能力不足：公司产能严重不足，主要原因在于：一是管理人员不具备掌控全局的能力，同时不能形成系统的管理思维，不具备一定的智能化思维，从而不能有效地适应企业在竞争中的变化；二是投资力度不够，转型

投资公司的智能化势必牵涉到有关部门和个人的利益，引发利益的大幅度调整，很多管理者缺乏打破常规思维的胆识和魄力，其中难度难以想象；三是标准不统一，各种软件间兼容性差，数据的综合利用能力不足，基础数据的使用，包括人员、设备、能源、物料、物流、检测等方面的数据采集、传输、共享等方面有许多环节没互相打通，而以此为基础的生产管理、质量控制、物料配送、各类预警、预测维护、策略优化等方面的研究仍处于初级阶段。

企业拥有传统的生产体系，与此同时也拥有财务、采购、设计、研发等多种体系，这些体系是相互独立的，由不同供应商企业研发，彼此之间没有打通通信通道，系统之间也不兼容。现在还存在大量数据工作，只能在不同的系统中进行手工传递。每一个系统的研发都是一笔不小的开销，而且在使用的时候，还要花费大量的人力和物力来维护这些系统的稳定运行，这是一笔巨大的开销。没有综合规划和统一的信息资源标准，导致“数字鸿沟”严重、“信息孤岛”、生产和经营管理信息不畅通，产能无法有效发挥。

④ 产品力不够：由于公司主要产品是新能源装备，研发能力弱导致了产品的先进性不够，而产能的不足又导致了产品的交付效率大打折扣，使得公司的产品力大受影响。

虽然 DT 公司智能化没有完全完善，但是未来依然可期。三元锂电池原材料的生产属于高功耗产业。公司在中国智能制造 2025、碳中和、碳达峰这一背景下，以智能制造、绿色制造为理念，在实现工业自动化控制、智能控制基础上，积极布局绿色制造。实现生产制造每个工艺过程平均水耗、能耗的数据信息和分析，是实现“绿色制造”“智能制造”的关键。

三、DT 公司绿色制造中面临问题分析

（一）能耗管理体系不健全

由于生产流程及生产工艺的多样化，以及产品的特异性，针对每个环节及整体过程的特点，进行归一化描述和建模，并与高实时性监控系统的数据

相结合，构建生产工艺特征数据库，建立最优化理论模型，是实现绿色制造的关键性问题。通过对生产设备的仪表数据进行远程传输，统一集中展现能源管理与控制系统的管理、存储、入库。通过对能量消耗的数据进行比较和分析，从而实现对设备的预防性维修与维护，为能源利用过程的变化和调整提供了基础。

工业企业的能源体系通常都是大型的或者超大型的，其能源结构复杂，管理过程也同样复杂多变，不同工区以及不同区域之间的体系交叉也时常发生。在传统的现场管理模式下，运行值班、维护、检查工作量巨大，耗费人力多，整个费用居高不下。

能源管控中心系统的建设，将实时掌握各区域能耗使用情况，终端设备的运行状态，大大地减少了能源管理流程，降低人工投入的同时，进一步降低人力成本，大幅度提升单位劳动生产率。通过该管理中心的应用，能源管理人员通过能源管理中心可以迅速了解到能源系统的运行状态，预判故障的影响程度，以便及时采取对应措施，有效限制故障影响范围的进一步扩大。

（二）面向绿色制造的碳排放监控方法缺失

在世界范围内，为了实现“碳中和”以及推动绿色发展，各国都一致同意实施“绿色新政”。在减少碳排放方面，涉及其中的工业企业发挥了极为重要作用。

新能源装备制造业的生产工艺流程需要以碳中和为目标导向，碳减排的目标和行动计划都应围绕碳中和这个大目标来制定，宣传、普及、动员碳市场的相关技术和未来趋势，日常的工作机制和联络体制也以建立碳达峰来推进，需要统一生产过程各要素的折碳系数和测算口径，进行“碳家底”摸底统计。

公司还未建立碳排放检测系统，企业生产现场的碳排放实时监测系统，应通过无线通信传感器、通信网络、云端服务器等的统筹开发，实时监测与可视化来呈现生产现场主要机械产生的碳排放数据。在碳交易的全过程动态生命周期中，构建碳排放模型，借助工业互联网实现数字化转型，才能快速实现企业碳中和，公司的碳数据的采集手段、计算方式、分析方法、决策机制等都没有有效的手段，使得针对碳排放的决策成本很高，而决策效率却很低。

（三）现场监控数据管理动态性差

引入对高频数据的采集及数据管理系统，满足生产需求的前提下提高生产线感知的实时性和准确性，是后续工业大数据分析的基础，也是绿色制造进一步优化的前提。与企业技术交流时发现，整个生产过程已经实现了电气自动化控制，控制柜、电力柜等检测系统均可以作为数据的来源节点。这在一定程度上表明企业和传统的制造型企业已经有了区别，自身具有了自动化系统研发能力，也为高实时性监控数据管理平台建设提供了基础。

目前市场上存在一些高实时性物联网解决方案，大部分主要致力于以工业物联网、大数据、云计算、移动互联，其对高实时性的存储都存在不足。首先要解决对生产过程中海量数据的写入难题。同时，需要考虑后续提供多种分析算法、预警报警条件、报警处理流程、运行日报、综合统计分析报表可云端动态配置、实时的动态分析计算和历史大量数据回测在线计算等技术难题。在此背景下，如果想要满足大数据采集计算需求，如何引入高效的分布式实时处理系统，如何设计平台的计算框架，以及如何选择适宜的时序数据库是必须解决的问题。

（四）生产管理平台智能化程度低

工业生产流水线设计及部署成本高昂，一次生产工艺的调整和配置带来的生产浪费风险不可预测。因此部署人工智能管理平台至关重要，其中基于数字孪生实现对生产工艺及生产过程的仿真和验证，对指导工业生产起着至关重要的作用，也是最终优化方案能够应用到实际的最直接的理论依据。DT公司目前作为新能源装备制造型企业，为业主企业提供传统的制造生产线外，面临着业主方产线调整、实时监控跟踪、系统验证等方面的产线智能化建设方面的高标准要求。

四、基于绿色制造数字化转型的DT公司系统优化设计

（一）基于绿色制造转型的智能化系统目标设计及体系框架

1. 目标设计

（1）技术目标

建立的DT公司智能化体系可以对公司未来生产力进行大幅度提升，并可为企业人员、资金投入等提供参考。预计优化完成后，将全面提高新能源汽车电池原材料生产线的工艺技术水平、自动化程度以及生产能力，减少了线上工人数，同时也缩短了生产制造周期。该产品的主要技术指标（设备自动化率、电池原料产品合格率、设备能力指数等）将全面提升，产品技术性能将达到国内一流水平，降低生产成本，对新能源汽车电池原材料生产线产业化发展具有重要意义。

（2）经济指标

DT公司将攻克新能源汽车电池原材料生产线研发及产业化中的关键技术难题，进而全面提升公司的生产技术水平和产品的技术性能，提升和优化自动化输送线工艺技术、煅烧及输送线控制技术和信息化等技术在新能源电池原材料生产行业的应用水平，进而实现批量化生产目标。通过这些科技成果的推广应用，将使我国新能源电池原材料生产企业的技术水平和产品性能得到显著提升，全面推进新能源电池生产行业的技术升级。

通过对企业当前的项目订单情况初步测算，通过科技成果转化，两年可实现交付100条相似生产线，形成15000万元产能，每条生产线的销售额约150万元左右，两年内将为企业获取可观的经济效益，新增销售收入约10000万元、新增税收约1000万元，进一步提升行业领先地位。

企业项目建设完成后，因新能源汽车电池原材料生产技术水平的进一步

提升，将会增强新能源汽车电池原材料生产线的核心竞争力，从而带动销售收入的上涨。项目交付后，积累的先进技术和相关经验将会缩短后续开展类似项目的实施周期，项目的示范引领作用可带动新能源汽车电池原材料生产行业及其上下游产业的发展。届时将拉动新能源汽车电池产业链上下游企业发展，带动上下游企业研发投入约 1 亿元、本企业研发费用投入约 2000 万元，带动了本产业的总投资近 10 亿元，为上下游供应链企业增加了近 50 亿元的销售收入，增加了税收将近 1 亿元，进一步提升上下游企业的行业地位。

2. 框架体系

目前的锂离子电池生产的能效依然不能满足市场需求，尤其是三元材料的加工工艺及生产系统还未实现数字化和智能化，限制了对三元材料的生产技术的进一步提升以及生产工艺品质的掌控。研发一套完整的系统对锂离子电池三元材料生产过程监控及管理实现数字化和智能化，有助于提高锂离子电池生产能效、提高生产效率、改善生产工艺、提升材料品质，为加速我国新能源产业发展发挥重要作用。为达成企业未来规划以及发展目标，依据 DT 公司急需解决的问题，结合现场实际情况和先进理念，制定了能耗管理方案，碳排放控制优化设计方案，现场动态监控管理方案和基于数字孪生的智慧工厂管理平台等四个方面来全面提升 DT 公司以绿色转型为导向的智能化水平。

（二）基于绿色发展导向的能耗管理系统设计

“十三五”规划及 2025 发展战略对高端制造业提出了“智能制造”的方向。智慧工厂是智能制造的载体，它以网络、数字为基础，结合人工智能与机器人技术，形成一种新型的人、机、物相互沟通、相互交互融合的新一代制造体系。

其中 MES（Manufacturing Execution System，MES）是实现智慧工厂的中枢神经和中间桥梁，起到承上启下的关键作用。

因此，基于以上作者决定设计架构中以构建 MES 系统作为基础，然后在此基础上进行单元拆分，分步解决。而对一些现场能源消耗较大的单元整体系统，则针对性地设计优化方案，从细节上设计一些改良措施。在此基础上，构建碳排放平衡整体控制算法。

DT 公司生产线存在能耗计量点多、能源介质种类繁多，计量点分布在不同的车间，以往采用手工抄表进行统计，不仅费时，而且效率低；由于目前使用的是手工获取的能源计量资料，且处理时间较长，无法对其进行实时、高效的分析，造成能源消耗大等一系列的问题隐患，无法及时发现并采取相应的对策。通过建立 MES 能源管理系统，实现了对全厂能耗的在线监控，并将能耗数据与相应的设备数据进行集成，实现了对关键设备的实时能耗监控、最小单元装置的能耗监控、能耗变化趋势和实时运行参数的整体把控。能源管理与能量分析系统，主要是针对用户端的能源管理与分析，对用户端的能耗、用水量，以及动力煤用量、柴油、冷（热）等进行集中的收集和分析，将用户端的能耗进行细分和统计，让管理、决策人员能够直观地了解各种能源的消耗，并从中找出其中的高耗点，以及在生产过程中不合理的能量消耗，从而达到高效的节能效果，为今后的节能改造和设备更新做出正确的判断和决策。

成功构建能耗优化系统：一是加强对能源信息的采集、存储和管理，分析和应用；将所有设备的仪器和仪表数据，都进行远程的数据传送，并将其集中到能源管理控制系统中，进行存储和入库，通过对能源消耗的数据进行比较和分析，可以对设备进行预防性的维修，为能源利用过程的变化和调整提供重要的基础。二是通过对能源管理过程进行优化，降低了能源系统的运营费用，同时一并提高企业的劳动生产率。工业企业的能源体系通常都是大型的或者特大型的，其能源结构复杂，管理过程复杂，各厂区地域、各环节间交叉是很正常的事情。传统的现场管理模式、运行值班、维护和检修工作量大、使用人员多、费用高。建立能源管理和控制中心，可以实时了解各个地区的能源消耗状况，以及终端设备的运行状况，从而极大地降低了能源管理过程人力的消耗。三是加快能源管理和控制系统失效与异常处理，增强对能源、能耗突发事件的应变能力；通过该中心，能源管理者能够快速掌握能源、能耗系统的运行状况，预测其影响的程度，从而能够及时地采取相应的对策，从而有效地控制故障的影响范围。

（三）碳排放控制系统构建

1. 碳排放监测信息物理系统

信息物理系统 CPS（Cyber - Physical System,），该系统把其计算功能通过网络传输与物理模块等融为一体，具有高可靠性、高安全性、实时性以及自主性等特征。引入该技术可以解决当前各个环节温度数据的监控。当前 CPS 技术对于各类无线传感技术、物联网技术等新兴技术的要求越来越高，同时工业上对智能化系统的需求又极大地发展了 CPS 技术。CPS 技术的反馈循环机制通过计算、通信与控制功能使得物理世界与信息世界有了实时交互，并深度融合，通过系统可以高效、可靠和实时地监测或控制物理世界。CPS 技术分为计算层、物理层、交互层三个层面，物理层的数据采集主要通过无线传感器来收集生产现场的环境空气成分数据和设备运行数据。计算层的主要组成部分是服务器和数据库，当物理层采集的数据被传到服务器时，服务器会按照预设定的逻辑对该段时间的碳排放量进行计算，然后再到数据库中存储。

2. 碳排放模型优化

完成以上工作后，需要构建基于灰色神经网络模型来构建碳排放模型，提出具体的优化控制策略。模糊数学存在的小样本问题、概率统计，以及信息不确定性的问题都可以用灰色模型解决，灰色模型的特征在于能够从数据处理中推导出接近现实的规律，从而不需要再另行数据建模操作。灰色预测模型是在回升模型中建立预测模型，该预测模型是以原始数据序列建立的一种微分方程，同时不断迭代原始的基础数据使其呈现一定的规律，叠加后数据呈现的曲线用典型的曲线来体现。

设定时间数据序，拿到灰色预测模型中原始数据，对灰色预测模型原始数据进行第一次数据叠加，可以得到一个新的数据序列。之后确定灰色预测模型新的数据序列中原始数据的每一项，并用白化方程表示灰色预测模型新的数据序列，通过上述方法可以获得预测模型的数据序列公式。此外还需要利用灰色预测模型中新的数据序列的评估值，做相应的累减得到对应的预测值。

灰色预测模型对生产中碳排放不确定特征值的发展变化进行预测，模型中原始数据的特征值不确定，经过一组数据叠加后得到一个随指数增长变化的数列，为了更好地提高拟合和预测效果，可以进行重新定义。拿到原始数据数列后，灰色预测模型原始数据将进行第一次叠加，得到一个新的数据序列，将预测结果表示出来，这样可以用微积分表达所有原始数据的灰色预测模型。之后确定灰色预测模型输入参数和灰色神经网络预测模型输入的初始参数，并确定灰色预测模型微分方程系数，则可以获得事件响应表达式。将结果映射到一个神经网络中，得到灰色神经网络模型，该模型中包含灰色神经网络模型输入参数，灰色神经网络模型输出参数，即建立一个灰色的神经网络。

此次提出了能耗敏感性控制算法作为灰色神经网络模型碳排放预测的基础算法。该算法随机选取生产中碳排放的路径，选择碳排放量较少的路径，并调查影响该路径碳排放量的因素，并获取各个因素对应的影响值，计算该路径的碳排放值。首先要确定每一个生产环节的碳排放路径位置，并且随机抽取碳排放路径，就确定新建的碳排放路径的位置。此外，需要设定灰色神经网络隧道窑碳排放的影响参数。

（四）现场动态监控管理方案设计

1. 产品数据管理方案

工业产品的数据库在工业生产中举足轻重，在数据库问题方面，目前市场上可供选型的产品并不多，在大部分的工业现场仍采用的是实时数据库和通用的业务型数据库。但是工业实时库扩展能力和数据完全达不到企业的要求，且配置上需要配合驱动，而企业的业主用户也有一些自己的工业现场协议，进行逐一匹配，对企业的维护成本来说相对较高。

物联网云平台的优点是能够为数据开发者提供一种低开发门槛同时缩短开发周期的一站式服务，其缺点也非常显著，虽然说在接入以后零代码更加方便了配置，但前期设备厂商还需要针对平台接口进行适配就不是很友好了，平台的费用加上实时流式计算按次收费的方式，成本瞬间提升。此外，在我们的业务中，由于业主要求生产数据不离厂，所以离线部署成本高、运维困难且现场设备多样导致协议繁多，还需要定制接口。其次就是时序数据库，由于市面上产品种类众多，我们就从自身的需求出发，对两款市面流行的时序数据库进行了相关调研，分别是 InfluxDB 和 TDengine。前者虽然市场占有率相对较高，但其社区版集群功能并未开源，其中用到大量可能被美国科技制裁的技术，对于未来可能的国产化方案有一定的风险。TDengine 尽管相对比较“年轻”，却能够保障在提供高性能的同时也极大降低安装、部署和维护的成本，此外它还具备如下特点：

① 安装简单；

② 集群功能开源；

③ 从时序数据的特点出发，设计了创新的超级表概念；

④ 具有丰富的函数，还支持窗口查询和连续查询等诸多优势。

因为产品的海量数据集，产品数据的管理就是工业企业在运营过程中的必修课，产品数据管理 PDM（Product Data Management）系统常见于制造业，是产品开发、产品生产等过程中方便工程师和其他人员的管理工具，能大幅度提高数据管理效率从而提高竞争力，越来越多的企业已经意识到了这一点，已经开始部署应用或者将实施计划提上日程。从产品方面考虑，PDM 系统对海量的数据与信息进行追踪，不但可以对产品进行组织设计，而且对产品结构的改进也有一定的指导作用，还可以动态跟踪设计概念全过程，方便快捷地查找有关产品的归档资料和数据。

将生产工艺与 PDM 相结合，将工业现场中机电复杂系统的设备状态检测交给 PDM 算法。以数字化转型驱动生产运营体系变革，即以快速反应处理生产过程中各种状态变化，以变化的控制手段主动适应变化，加强新能源产业的信息化建设。

2. 高实时架构方案

目前市场上存在一些高实时性物联网解决方案，但大部分主要致力于以工业物联网、大数据、云计算、移动互联，对高实时性的存储存在不足。作者参考相关系统进行针对性的设计。首先要解决对生产过程中海量数据的写入难题。同时，需要考虑后续提供多种分析算法、预警报警条件、报警处理流程、运行日报、综合统计分析报表可云端动态配置、实时动态分析计算和历史大量数据回测在线计算等技术难题。

在此背景下，如果想要满足大数据采集计算需求，如何引入高效的分布式实时处理系统，如何设计平台的计算框架，以及如何选择适宜的时序数据库是企业必须解决的问题。

从高效、快捷、精准的特点出发，该生产管理平台可以以全厂、区域、车间三级管理，涵盖了生产中各个工序的能耗、给水、水处理、综合污水处理系统，实现了生产过程中全生命周期系统运行、能源管理、环保管理、数据统计分析，以及厂区内能源平衡调控的智能化、数据化、可视化，主要做到以下几个方面。

（1）生产全监控

实时追踪能源及水资源足迹，以水流监控图为例，对水系统的运行工况进行监控，显示历史和实时的运行参数，从而判定各指标是否符合生产工艺要求并进行即时分析及预警报警，实现水资源的智慧化和可视化管理。

（2）系统全平衡

分析能耗、水量平衡，以图表的形式即时显示全厂、区域、用水单元三级能耗、水量平衡现状，从而有效实现资源调度，实现诸如可循环资源，如水资源的高效分级回用。

(3) 物联全过程

基于物联网，打通数据边界，打破工具壁垒，将整个业主工厂的系统信息汇入平台，集成统一管理，实现全流程一体化管控。

(4) 管控全平台

根据用户需求自动生成报表与图表，融合多因子平衡优化算法，并内置专家管理模型以及相应知识库。采用逐步趋近法渐次调节，实现了系统的智能化运行分析和优化管理。

3. 设备监管平台

与工业现场工况监控有所不同，该监管平台主要针对DT公司的中高层管理者和基层管理者的在生产线和生产各个环节整个数据监控，高层管理者和基层管理者之间能通过平台消除信息鸿沟，高端装备运维服务平台重点解决高端成形装备企业由制造化向服务化转型的关键问题，其中，数据库单元与高端成形装备的智能数据采集终端模块相连，助力采集终端完成对设备运行数据的采集，为系统提供设备数据基础；工业云计算服务平台提供系统数据的存储、转换、分析等，为系统提供业务数据支持；智能运维服务系统由装备智能运维服务平台和智能运维服务App组成，分别为企业人员提供系统和移动端的服务支持。

针对企业多种应用场景，系统应用服务共分为六大功能模块：

(1) 企业看板

主要是服务于DT公司的中高级管理者，方便了解平台数据情况与关键业务流程的指标，从整体界面上可以很方便地了解到设备的售卖情况，企业接入的信息，平台数据的采集情况。同时还可以对一些关键的业务流程，包括企业设备的监控、报警信息的展示、维修效率的管理、设备的故障情况和三包任务的信息进行追踪与管理。

(2) 设备资源管理

主要的目的是给每一个高端成形装备建立电子档案，以便了解设备历史、当前情况，优化设备运行，预测设备未来状况，查看具体的设备信息时主要展示设备的四个维度——当前工况、健康分析、维修情况和历史工况。

当前工况方便用户了解设备的基本信息、关键指标和报警情况，还能够提供设备当前情况的总览。健康分析，其目的则是让设备用户更加深入地了解设备的当前状况、设备的健康状况，随着时间的变化情况，如果设备当前面临故障风险，也能快速查找到引起风险的故障原因以及故障模块。维修情况则是给了用户设备维修信息的总览和当前维修任务的流程跟踪，历史工况则是为了进行故障模块预排查。

（3）维护服务管理

对维护工作目前和以往的工作效率进行分析。维修任务展示当前待处理的任务数量，比如待接单、待派单和待回访，同时还可以对每个维修任务进行查看和操作，查看的内容具体到维修流程的每一个环节。

（4）维修效率分析

是对维修中的关键效率指标进行统计分析、近一年来的订单量的变化情况、维修响应时间变化情况、故障类型分布、维修人员任务统计，方便维修管理人员对维修服务和效率进行管理。

（5）设备健康分析

通过分析设备的历史轨迹信息和当前设备信息来对设备未来可能出现的故障进行预测，并提供可能的故障类型，便于维护部门为客户制定维护策略，主动与客户取得联系。

（6）备品备件管理

备品备件的管理，是将备品备件在维修保养部门按照不同类型和相关性先建立档案。用户及各有关部门的工作人员可在手机移动端及系统平台端办理备品备件的查询、核准等业务，减少不必要的工作流程，提高维修保养效率。同时通过数据分析来预测备品备件需求量，保证需求的同时减少企业的库存成本。

五、智能管理优化方案实施保障措施

（一）组织保障

1. 扁平化管理

为了能够打破现有的组织架构下各组别之间的部门墙，提升新能源装备制造企业绿色发展的智能化控制在不同部门、不同车间的落地，需要在现有的组织架构外，主要在生产部和研发部设立扁平化的专项领导小组，由公司一把手直接挂职，授权成立领导小组办公室作为常设机构，由副总担任领导小组办公室的负责人统筹相关工作，打破部门墙，减少相关环节的汇报层级，尽可能扁平化领导，所有专项控制的文件和问题协调直接上报办公室进行协调处理。

2. 规章制度

制度是企业管理的重要载体，是企业行为规范化的集中反映，同时也是企业转型的强有力保证。DT 公司的制度保障应该着重思考如何将智能化体系融入管理制度，在生产流程当中将各种规章等再进行改进。在公司的运营中，把无形的理念化为有形的制度。

（1）普适性制度保障

DT 公司中带有普遍意义的工作制度、管理制度及岗位责任制度等，这些已经成文的制度约束着企业员工一般的工作行为，其中包括管理制度、劳动人事制度、业绩考核制度、现场生产制度、设备专人管理制度、企业文化制度、员工的岗位责任制等。

（2）特殊性制度

特指企业的不放在日常管理中的制度，比如 DT 公司奖励对于智能化体系有卓越贡献的技术人员，一线工人的师带徒制度，对于特困职工的补助、优秀员工子女的奖学助学金制度，民主评议干部制度，周、月、年表彰会制度等。

（二）人才保障

1. 重点人才引进

DT 公司是在随着新能源行业快速发展的背景下同步快速发展，人才的引进特别是重点人才的引进事关整个转型是否能顺利完成的关键，公司目前面临着人才引进严重不足的状态，极大地限制了公司的发展。

针对这一现状，公司需要设立专门的引进资金针对重点人才的衣食住行进行全方位保障，对于重点人才的引进需要拓宽思路，增加引进渠道，企业负责人要做好引进人才的定位，首先要能引进人，更要能留住人，健全引进人才的制度，对于智能化方向的重点人才配套设备也要跟上，达到让物可尽其用，人可尽其才。

2. 内部人才培养

团队专业化建设是人才保障的基础，没有专业的团队就无法实现管理的专业化。而整个企业智能化管理需要公司各部门之间的合作配合，各部门自身对于智能化管理的认识和专业度方面都会对整体项目管理的广度和深度带来影响。

因此，公司需要自上而下推动全面的智能化管理的理念。一方面，要加强从高层领导到基层管理人员对于智能化概念及管理的培训工作，强化整体团队对于智能化的认识，提升对智能化的意识，关于这个培训必须当成政治任务进行推动，确保必要的信息以及管理压力传导到整个公司；另一方面，基于考核的角度，要强化各部门之间的监督和推动的约束机制，及时通报各部门以及个人的考核完成情况，并对未完成考核的提供明确责任的申诉通道，由公司高层做最终的决策或者豁免。

人才梯队培养和建设是为了能够使得智能化管理方案落地并持续推进的重要保障，梯队人才的建立不仅仅是需要引进相应的人才进入公司的管理团队，另外也需要从内部挖掘和培养，使得初期参与方案推进的人员能够逐步进入管理层，这样既可以保证人才不断层，还可以保证方案政策前后的一致性，同时基层的工作经验也可以让这部分人员更多地反馈实际操作中的问题，进而推动政策的细化，强化方案的可执行性和有效性。

（三）企业文化保障

企业文化是保障企业发展的软实力，从开始的粗放管理方式转变为用企业文化约束的自觉行为习惯，正在逐步形成一种核心能力，是现代企业的发展。企业文化因其独特的功能而成为一种强大的生产力，若不加以重视，就会丧失其核心作用。企业文化的形成，将会催生相适应的经营策略，催生出更符合公司发展的经营理念，使得企业的管理更加科学化。

1. 理念文化层

即指企业传导的价值观念等，是企业价值观和精神为核心的理念体系。DT公司从使命、核心理念、发展战略、企业精神等几个方面来打造理念体系，其内容如下：

（1）使命

用良好的产品质量为中国新能源装备制造行业在国际新能源装备制造中打开局面。

（2）核心理念

坚持绿色制造，坚持以客户为上帝，坚持逆水行舟的危机意识。发展战略：三到五年公司全面建成智能化体系，让公司管理水平更上一层楼。企业精神：以人为本，团结创新，时刻准备打硬仗，平时只做苦行僧。这些体系塑造企业鲜明的风格，构成了企业文化的基础。制度文化层，制度文化构成了企业文化的必要前提，是文化体系的重要构成，其中DT公司在法规、制度、组织管理、工作流程等既定制度上要集中体现绿色转型的决心，同时对员工工作中的行为进行有效文化制度保障。

2. 行为文化层

行为文化层是员工在企业的从众一心的氛围中形成的一些行为规范、工作习惯、待人礼仪等，是企业文化的动态展现，是制度文化每天作用于行为的结果表现。

物质文化层是外在直接表现形式，以物质为载体，如企业的产品、服务质量、工作与生活环境、文化运动设施等来体现的。DT 公司在进行智能化改造以后改善了员工的工作条件等，从而促进了员工更加自愿地将智能化改造进行到底的良性文化氛围。

通过文化层的构建，使得公司管理层和执行层都深入骨髓地认同公司的理念，从而更好地构建公司学习型文化、创新型文化和学习型小组。

第三节　“长株潭”地区先进制造业低碳技术绿色创新

2022 年我国制造业的增加值占全球比重的近 30%，而且我国制造业的规模已经连续 13 年居全球首位。制造业在推动经济发展的同时，也产生了大量的能源消耗。从各个省市的排放情况来看，经济体量大的省份以及与能源有关的省份二氧化碳排放量都比较高，例如广东、山东、江苏等省份，碳排放量呈现“高排放、高配额”状况。这些省份应该要实现碳达峰才会给未来中国的整个全国区域碳达峰留出来空间。这些省份实现碳达峰的另外一个好处是为 2060 年要实现的碳中和创造条件。

一、“长株潭”地区先进制造业低碳技术创新概述

当前中国正着力加快建设以实体经济为支撑的现代化产业体系。作为实体经济的重要支柱，先进制造业正向智能化、绿色化、融合化发展。2020 年 9 月习近平同志在湖南考察时，勉励湖南着力打造国家重要先进制造业、具有核心竞争力的科技创新、内陆地区改革开放的高地，在高质量发展上闯出新路子，在构建新发展格局中展现新作为，在推动中部地区崛起和长江经济带发展中彰显新担当，奋力谱写新时代坚持和发展中国特色社会主义的新篇章。湖南省域范围内的长沙、株洲、湘潭等城市相互毗连，形成长株潭城市群

（又称“长株潭”地区），“长株潭”区域内有三一重工、中国中车等国内制造业排名前十的知名企业，通过政策引领，“长株潭”地区成为国家级两型社会综合配套改革试验地区。在发展先进制造业的同时坚持创新发展绿色引领，取得了系列先进制造业低碳发展经验：在大力发展先进制造业的同时，全力打造全国首个低碳试点城市群，全力推进产业转型升级，促进能源消费集约高效，着力推进高耗能行业节能降耗，深度加强生态链体系保护和建设，增加森林覆盖，建设碳交易市场和低碳技术交易平台，推广低碳消费方式，加强垃圾分类和再生资源回收，探索开展低碳城市社区园区景区试点示范，筹建温室气体排放服务管理平台，广泛采用低碳节能新技术，推进新能源示范城市和绿色能源示范县建设，完善再生资源回收体系，推进秸秆等农林废弃物、建筑废弃物、餐厨废弃物资源化服务发展再制造。2023 年长沙市人民政府发布《长沙市碳达峰实施方案》，以建设国家重要先进制造业中心为契机，构建优势突出、特色鲜明的“1＋2＋N”先进制造业集群，围绕工程机械、汽车及零部件、食品及农产品加工、新材料、电子信息等优势产业推进智能化升级改造，提升智能制造装备及核心部件研发制造水平。支持市内优势装备制造企业向智能制造系统解决方案供应商转型，拓展工业互联网应用场景，加快人机智能交互、工业机器人、供应链智能管理在生产过程中的应用。积极创建国家级智能制造示范工厂、省级智能制造标杆企业。以成套化、高端化、智能化和服务化为发展方向，实施低碳产业链创新工程，实现与一、二、三产业的深度融合，抢抓低碳新兴产业发展机遇。着力培育壮大人工智能、先进储能材料等新兴产业集群，大力发展新能源及智能网联汽车、智能终端、数控机床等特色产业集群，谋划布局类脑智能、氢能与储能、前沿新材料等未来产业集群。推动生产性服务业向专业化和价值链高端延伸，生活性服务业向高品质和多样化升级，促推服务业融合业态向创新型和集约化拓展。深入推进农业供给侧结构性改革，农业发展精细化、优质化。到 2025 年，打造形成国内一流的节能环保及新能源产业集聚区，节能环保及新能源产业实现工业增加值 2000 亿元，先进储能产业集群实现产值约 5000 亿元。深入推进全市供给侧结构性改革，依法依规加快淘汰落后产能，充分利用能耗、环保、质量、安全、技术等综合标准，为全市产业转型腾让发展空间。对化工行业淘汰类落后产品及生产工艺装备依法依规淘汰退出。严禁违规新增钢铁产能，依法依规推动落后产能应去尽去，防止“地条钢”和已化解过剩产能复产。引导建材行业轻型化、集约化、制品化转型，严格落实产能置换政策，加快低效产能退出。力争比国家2030年碳达峰目标提前实现。近年来，“长株潭”城市群实现经济快速发展与制造业绿色转型同向而行。近几年，湖南经济在快速发展的同时，也为制造业绿色转型按下“加速键”，“长株潭”城市群大力培育壮大绿色低碳新兴产业，按照“生态优先、因地制宜、宜建尽建、创新利用”的总体思路，推动全市光伏、风电、地热能、生物质能等可再生能源规模化发展。坚持集中式与分布式并举，支持采用农光互补、水光互补、光伏+尾矿治理等方式，大力发展光伏发电。加快已核准风电项目建设，优先开发风能资源好、建设条件优、消纳和送出能力强的项目。采用“深浅结合、表里结合、天地结合、调储结合”方式，构建适合长沙市情的“地热能+”集中供能模式。提高垃圾处置能力，科学布局垃圾焚烧发电项目。深入推进“气化长沙”工程，保障居民及商业用气需求，优化天然气消费结构，拓展天然气工业消费市场。推广天然气三联供项目，鼓励在建、拟建建筑或改建既有建筑建设天然气分布式能源项目。推进省级支干线管网建设，形成“两主多辅”天然气输送格局，完善市（县）内天然气支线架构，加速天然气向偏远及农村地区覆盖供应，提高天然气通达能力。到2025年，天然气消费量达25亿立方米，主城区居民气化率达99%，县（市）城区居民气化率达95%，天然气分布式能源项目规模达30万千瓦。到2030年，天然气消费量达40亿立方米，全市居民气化率基本实现全覆盖。建设以特高压、超高压为骨干网架，各级电网协调发展的坚强电网，依托长沙交流特高压工程建设，打造华中地区核心电力节点枢纽，大幅提高“绿电入长”引入和受纳能力。加强主电网网架建设，构建“南北互联、东西互济”的长株潭城市群“立体双环网”，实施500/220千伏电磁环网解环运行，形成以500千伏站点为中心的“分区供电、区内成环”的互联格局。全面推动电网向智能化、数字化方向转型，满足电动汽车、5G基站、分布式能源、储能等多元用户接入需求。大力提升电力系统综合调节能力，开展园区级“源网荷储一体化”试点建设。引导工商业可中断负荷、电动汽车、虚拟电厂参与需求侧响应能力建设，大幅提升系统对新能源的消纳能力。通过数字化技术赋能工业节能管理，以绿色低碳擦亮高质量发展底色。数字化是低碳化的加速器，可以释放绿色发展的无限潜能，而低碳化则是数字发展的催化剂，为其提供了更为广阔的应用场景。

过去很长一段时间，国内的制造业实体经济存在着严重过剩，效率低下，缺少竞争力等问题。数字经济为制造业全面赋能，与生产性服务业密切结合，未来我国要发展数字经济和绿色低碳深度融合的制造业才有长久稳定的国内外竞争力。我国强调发展实体经济，反对虚拟经济，不是简单地否定某些领域和行业，而要按照二十大精神，以提高全要素生产率为基准，防止误解走偏，才能使制造业符合高质量发展的本质要求。

未来要稳制造业比重，稳出口。稳定制造业比重就意味着我国在全球竞争中与其他国家相比，制造业具有相对竞争优势。除了满足国内需求以外还要通过贸易方式使更多的中国制造业产品适应国际市场需求。这就客观上要求把出口的比重稳定在与制造业比重相适应的水平上，出口比重稳不住，国内制造业必然过剩。我国一方面强调要加强内循环，减轻对国际市场的依赖，相应地要降低出口的比重，另一方面要稳定制造业的比重，这个实际上在逻辑上存在较大难度。尤其是在人民币长期升值的背景下，保持出口比重稳定则要求相应提高制造业的生产率，提高出口产品的技术含量和附加价值。出口产品要不断拓展国际上的中高端市场，重点是要提高在发达国家中高端市场的占有率。如果汇率升值了，会导致出口率降下来，稳制造业的目标将难以实现。更重要的是，面对逆全球化的冲击，我国要保持清醒头脑和战略定力，坚持全球化和对外开放。要推动制度规则性的开放，占领全球开放性市场经济体系的制高点，在全球化过程中更多地发挥支撑和引领作用。此外我国还要加快推动制造业的低碳绿色转型。现阶段，我国人均碳排放量已经达到七吨以上，高于全球和部分发达国家的人均碳排放水平。目前距离我国2030年“碳达峰”的时间只有七年，如果不尽快降低碳排放量，尽早实现“碳达峰”，就会加大下一步实现“碳中和”目标的难度。按照党的二十大报告提出的战略目标，到2035年我们要基本实现社会主义现代化，人均GDP（国内生产总值）要达到3万至4万美元的水平，这就要求我国GDP还要保持一个比较快的增长速度。经济发展也会有相应的能源消耗，这样我们将面临两难选择。通俗地说，就是既要马儿跑得快，又要马儿少吃草，企业要发展经济又要实现碳少排放，甚至零排放。我国不可能像发达国家那样走高碳排放高增长的道路，也不可能走低碳排放低增长的道路，只能选择低碳乃至零碳排放同时实现较高增长的第三条道路，力争实现减碳和发展经济双赢。选择第三条道路，必然要求包括制造业在内的经济体系实现全面的产业低碳绿色转型，挑战难度前所未有。与此同时，如果转换思路，利用数字化和新型信息技术积极创造和利用诸多有利条件，抓住换道超车、建立新竞争优势的机会，我国制造业绿色低碳转型发展面临的机遇也是前所未有的。

二、湖南“长株潭”地区装备制造业绿色发展研究

制造业发展水平是一个国家和地区经济发展水平和综合实力的体现，是强省之器、富民之基，是带动经济增长的重要因素。如今，新一轮的科技革命和产业变革正在兴起，高能耗、低创新的发展模式已经难以持续，绿色制造、循环经济、可持续发展成为不可阻挡的历史潮流。要全面推行绿色制造，加大先进节能环保技术、工艺和装备的研发力度，加快打造低碳、可循环的绿色制造体系。站在新的发展起点上，中国制造迎来了创新驱动、智能转型、绿色发展的新机遇。近年来，随着新型工业化的不断推进，“长株潭”地区制造业取得了突飞猛进的发展，已成为全国乃至全球重要的装备制造基地，在国内外市场发挥着重要作用。立足装备制造业发展现状，进一步贯彻创新、协调、绿色、开放、共享的新发展理念，推动全省制造业向网络化、智能化、

绿色化、服务化发展，打造“中国制造 2025”，长株潭城市群示范引领区，加快推进湖南“两型社会”建设进程，实现制造大省向制造强省的新跨越。

（一）“长株潭”地区装备制造业具备绿色发展的基础

绿色发展作为新兴发展模式，日益成为一个时代潮流和重要趋势，许多国家和区域坚持绿色发展理念，特别是把绿色产业作为发展经济推动结构调整的重要手段和抓手。绿色发展相对传统发展模式而言，是建立在生态环境和资源的制约下，以环境保护和可持续发展为主要目标的新型发展模式。那么一个产业，要想实现绿色发展，也必须具备以下几个基本要素：完善的产业链条、强大的龙头企业、强劲的创新能力和优良的发展环境。据初步分析，“长株潭”地区制造业就具备以上基础和条件。

1．相对完善的产业链条

装备制备业包括金属制品业、通用设备制造业、专用设备制造业、交通运输设备制造业、电气机械及器材制造业、仪器仪表及办公用品设备制造业六大类行业。经过多年的发展和积聚，“长株潭”地区装备制造业集聚了上、中、下游一大批企业，形成了高、中、低端一系列产品，形成了相对完善的生产、营销、服务体系，产业链条日趋完善。2016 年，湖南全省装备制造业规模企业约 3500 家，增加值超过全省规模工业比重 30%，对全省工业的贡献率超过 45%；仅以轨道交通制造业为例，现已形成以主机企业为核心、以配套企业为骨干，辐射全国的轨道交通装备制造产业链，形成了整机制造、核心部件、关键零部件协调发展的产业集群，拥有全国最大的轨道交通装备制造产业基地和技术研发中心，生产能力居全国领先地位。湖南轨道交通装备产品已覆盖产业所有领域，并形成从产品研发一生产制造一售后服务一物流配套于一体的完整产业链条，产业优势明显，并整体处于全球产业链、价值链中高端，完全能满足产业绿色发展的高效益要求。

2．龙头企业带动作用明显

产业绿色发展更需要发挥龙头企业的作用。“长株潭”地区装备制造业拥有一大批带动作用强劲的龙头企业，如中联重科、三一重工、山河智能、中车株机、铁建重工等，这些企业不仅处于国内相关领域的领先地位，带动省内相关领域的一大批企业发展、壮大，对我省、我国装备制造产业的整体发展具有典型示范带动作用。目前，湖南已成为中国最大的工程机械产业制造基地，2018 年全国工程机械前 5 强湖南省占三席，“全球工程机械 50 强”湖南 4 家企业上榜，混凝土机械产量居世界第一。中联重科环境产业一马当先、农业机械稳步发展，形成工程机械、环境产业、农业机械和金融服务“四业并举”格局；三一集团军工业务获得突破，发起设立久隆保险和三湘银行，初步形成装备制造、新能源、金融投资多元并举局势。广汽菲克形成 B 级—E 级系列汽车产品，年产量突破 15 万辆，产值达 226 亿元。长丰集团自主研发设计的首款全新城市 SUV 车型 CS10，销量一路上升，引领集团多项经济指标超历史最好水平。梅花汽车、株洲中车时代电动汽车、湖南恒润汽车成功由改装类企业升级为整车制造类企业，全省列入国家《车辆生产企业及产品公告》企业达到 56 家；2016 年，湖南省又有楚天智能机器人有限公司等 6 家企业的“高端生物医药机器人及装备智能制造”等 6 个项目入选国家智能制造重大专项项目，威胜集团的“智能用电管理终端智能工厂”列入国家智能制造试点示范项目；《湖南省智能制造工程专项行动方案》正式发布，湖南长城信息金融设备有限责任公司等 15 家企业为 2016 年湖南省智能制造示范企业，湖南长高高压开关集团股份公司高压开关制造成套装备数字化车间等 20 个车间为 2016 年湖南省智能制造示范车间。湖南制造业龙头企业的强势发展与带动，智能制造工程专项的有序推进，为产业绿色发展奠定了坚实的基础。

3. 创新体系日益完善

创新不仅是引领发展的第一动力，产业的发展更需要创新的引领和支撑，特别是产业绿色发展更离不开创新体系的健全及源源不断的绿色技术应用和成果的推广。“长株潭”地区不仅拥有全国知名高校的装备制造相关学科，而且每年培养了大批装备制造行业技术人才；不仅拥有国家级重点实验室和工程技术中心，而且还拥有一大批高新技术企业和科研院所和一大批高新技术成果；到2016年底，湖南机械行业已有国家认定企业技术中心27家，国家技术创新示范企业11家，全省机械装备行业的省级企业技术中心已达116家。株洲中车时代、永清环保被认定为国家企业技术中心，山河智能、湘油泵还被工信部、财政部认定为国家技术创新示范企业，中电48所建设的国家光伏装备工程技术研究中心顺利通过科技部组织的验收。创新平台支撑了一大批绿色技术的形成，推动湖南制造业及产品向全球技术链高端延伸，提升湖南制造在全球绿色技术领域的话语权。山河SA60L－T高原版轻型运动飞机成功审定试飞；中联重科高端大马力拖拉机填补国内空白；中车株机自主研制成功首列全线无接触网超级电容有轨电车，国产超级电容储能装置在广州运行，超级电容现代无轨电车也在欧洲首跑；衡阳特变研制成功世界最大容量现场组装式变压器；铁建重工国内首台全电脑三臂凿岩台车下线等，大批高端产品完成研发并产业化，不断推动行业向绿色纵深发展。

4. 逐步改善的发展环境

产业的发展离不开优良的环境，产业绿色发展更需要配套的支持政策、健全的机制体制、优质的服务体系、开放的发展理念等。为适应国际绿色发展趋势和缓解国内资源环境瓶颈，我国将推进制造业绿色发展，推动产业结构升级作为重要抓手，出台一系列支持政策。党中央不仅把生态文明建设纳入五位一体的总体布局，并制定“中国制造2025”行动纲领，把“创新驱动、质量为先、绿色发展、结构优化、人才为本”作为基本方针，部署实施智能制造、绿色制造等五大工程。积极落实中央有关决策部署，不断健全政策标准体系，通过政府采购、税收优惠、低息贷款、生产要素倾斜性配置等政策手段，大力推进传统制造业绿色和智能化改造，加强资源综合利用，提高清洁生产水平，不断提升工业能效；不断健全“长株潭”地区制造业绿色发展机制。鼓励和支持下游骨干龙头企业进行绿色供应链管理，重点围绕主导产业，引进具有补链、延链、强链功能的项目，发展壮大一批产业集群，形成一批以现代制造服务为核心的现代服务型企业。最后，积极融入全球制造网络，进一步探索开放合作新模式、新路径、新体制，充分利用全球资源，大力吸引国际高端人才、成果在湖南落地和发展，全力打造“制造业湖南高地”，全面增强湖南新经济的国际竞争力。

（二）“长株潭”地区装备制造业绿色发展特征明显

1. 产业规模效益同步提升

随着新型工业化不断推进，湖南省装备制造业产业规模、发展质量、产业效益取得不同程度的提升，产业结构和转型升级步伐加快，装备制造业对国民经济和社会的发展、对其他行业技术升级起到了积极作用。2015 年全省装备制造业规模以上企业 3229 家，完成主营收入高达 10591. 6 亿元，工业增加值为 3169. 4 亿元，均比上年增长 11. 0%，工业增加值增速高出全省规模工业 3. 2%；利润总额为 485. 7 亿元，比上年增长 6. 4%，利税总额为 865. 11 亿元，比上年增长 6. 7%，出口交货值为 794. 8 亿元，比上年增长 31. 6%，成为全省第一个主营收入过万亿元、增加值率达 30% 以上的支柱产业。2016 年，装备制造业增加值增速 11. 1%，高出全省规模工业 4. 2%，增加值占全省规模工业的比重达 30. 12%，对全省工业的贡献率为 45. 6%；装备工业主营业务收入增速 10. 6%，比全省规模工业增幅高出 3%，主营收入占全省规模工业比重达 31. 34%；利税总额和利润分别占全省规模工业的 24. 2% 和 31. 7%。

2. 产业聚集效应逐步凸显

近年来，湖南省以产业集群为着力点，不断提升产业发展层次，以龙头企业带动产业链发展，装备制造业呈现快速发展的势头。目前，已经形成以长沙为基地的工程机械产业集群，以株洲为基地的轨道交通装备制造产业集群，以长株潭核心区域，衡阳、永州、常德、邵阳、娄底、益阳等为配套基地的汽车及零部件配套产业集群以及以湘潭为基地的矿山装备制造产业集群。2015 年，全省工程机械、电工电器、汽车及零部件和轨道交通装备四大优势行业的规模企业数和主营收入，分别占全行业的 42. 22% 和 63. 20%；长株潭地区集中规模企业数和主营收入，分别占全行业的 51. 35% 和 67. 90%。排名前 10 位企业主营收入约占全行业的 31. 26%，行业内已拥有主营收入过百亿的企业7家，过十亿企业达到33家。工程机械产业水平全国领先，2017年湖南工程机械行业产值1515.85亿元，占全国比重约22.2%，三一重工、中联重科、铁建重工和山河智能4家同时入选2018“全球工程机械制造商50强”，形成了“世界工程机械看中国、中国工程机械看湖南”的格局。轨道交通产业优势明显，2017年，湖南轨道交通设备制造行业77家规模企业，完成主营业务收入722.1亿元。汽车制造业异军突起，2017年实现主营业务收入1863.5亿元，对全省规模工业增长贡献率达到24.8%，成为推动全省工业经济增长的第一动力。

3. 产业发展后劲日益增强

截至2015年底，湖南装备制造业已经建立22家国家级企业技术中心，占全省国家企业技术中心数2/3；6家国家工程技术研究中心；6个“国家新型工业化产业示范基地”，6个省级产业技术创新战略联盟。“十二五”期间，一批重大技术装备研发成功并获得工程应用：超级电容100%低地板有轨电车、中低速磁悬浮列车、101米最长臂架泵车、最大平头塔机T3000、5200吨米塔式起重机、最大吨位3600吨履带起重机，630MVA/1700Kv实验变压器、750Kv级2100MVA三相分体变压器、大直径全断面隧道硬岩隧道掘进机（TBM）、双模式斜井全断面隧道掘进机（TBM）、5MW海上风力发电机组等，为产业发展增添了后劲。

（三）影响“长株潭”地区装备制造业绿色发展的主要瓶颈

1. 产业总量偏小，竞争力不强

目前，“长株潭”地区装备制造业仍处于扩大规模、提升产能、完善产品种类、提升产业竞争力的阶段。产业整体所占全国比例较小，产业集群的规模和集聚效应也亟待提升。全国第三次经济普查数据显示，湖南装备制造业主营业务收入9108.97亿元，仅占全国装备制造业的3.1%，除工程机械、轨道交通等比较优势明显的领域外，其他领域普遍存在规模小、竞争力弱等问题。产业内部产品同质化现象严重，地市之间产能低水平重复建设问题突出。

企业规模普遍偏小，2014 年末，全省规模以上装备制造业企业一共 3049 家，其中大型企业仅 66 家，而小微型企业数占到了全省装备制造业的 83.1%。从生产规模来看，工业总产值在亿元以下的企业数为 1326 家，占全省装备制造业的 43.5%。

2. 关键部件薄弱，产品本地化率低

产业基础配套能力差，区域协作配套体系建设滞后。企业“大而全”“小而全”的传统制造理念和经营模式难以改变；装备产品本地配套率不高。50% 以上密封件和轴承、30% 以上高端液压件、高档数控系统、超高强钢板等工程机械、轨道交通、航空发动机领域高端产品的关键基础零部件仍主要依赖进口，省内的自主配套率不足 20%，大部分行业利润被进口零部件占据，影响产业安全和产品附加值的进一步提升，成为湖南装备制造业转型升级的瓶颈。

3. 科技投入不足，自主创新能力较弱

“长株潭”地区自主创新能力还不强，科技投入相对不足，自主核心技术不多，整体技术水平不高。除轨道交通装备和特高压输变电装备产业外，“长株潭”地区装备制造业核心技术对外依存度偏高，技术创新仍依赖于“引进型技术发展模式”，真正通过原始创新、集成再创新形成具有自主核心技术的产品偏少，“产—学—研”的升级模式严重不足产业创新投入强度不高，绝大多数企业研发投入低于 2%；实验验证技术开发、关键共性技术研究等产业基础技术研究滞后。

4. 智能化、绿色化水平不高

宜人化、绿色化、智能化是装备制造行业进入国际高端市场的技术门槛，也是装备制造行业国际竞争的焦点之一，它贯穿于绿色化的设计，使用绿色化材料，制造工艺绿色化，绿色包装与回收，产品制造和使用过程的能耗评价等环节，目前，“长株潭”地区工程机械、轨道交通、新能源汽车、矿山装备等领域均在电机驱动与电力电子技术、智能化与网联化技术等方面与欧美国家差距较大。

（四）推进“长株潭”地区装备制造业绿色发展的对策建议

1. 充分发挥产业集聚效能

产业集聚可充分发挥资源的最大效能，快速促进经济结构的优化。要借助长株潭获批国家自主创新示范区和长株潭衡获批创建“中国制造 2025”试点示范城市群的东风，坚持特色谋划、错位发展、合理集聚的原则，大力实施 7 大专项行动，着力打造制造强省 4 大标志性工程，巩固提升领先优势，充分发挥比较优势，拓展放大潜在优势，围绕工程机械、轨道交通、汽车及零部件、变电高端装备等产业，着力引进优质项目，引导产业、企业集聚发展，形成绿色生态产业链条动态互补的空间集聚，打造极具特色和竞争力的长沙“麓谷”、株洲“动力谷”、湘潭“智造谷”和衡阳“老工业基地”协同错位特色发展的产业新格局。

2. 全面推动创新驱动发展战略

加快绿色新技术、新工艺的开发创新，是制造业绿色发展的关键。一是要搭建产业公共技术平台，充分利用湖南装备制造业现有产业优势，加快推进形成技术中心、工程（技术）研究中心、重点（工程）实验室等多层次、全方位的创新中心、平台，不断完善装备产业共性技术研发体系。遵循科学技术和工程技术发展规律，把握先进制造技术发展趋势，开展装备产业基础性技术和前沿性技术研究，攻克创新设计、基础工艺、实验验证、可靠性及功能安全预测等共性技术。二是要进一步推进技术创新体系建设，突出企业的技术创新主体地位，并鼓励制造企业与科研院所、高校、用户形成联合开发、优势互补、成果共享、风险共担的产学研用协同创新联盟，积极开展基础领域产业共性技术、高端技术、前瞻性技术的联合攻关，提升创新能力，增强湖南制造业的竞争优势。三是要进一步加快科技成果产业化进程。完善科技成果转化平台，变要素驱动为投资驱动，摆脱技术过度依存，重点扶持一批拥有核心竞争力的节能环保、资源循环利用、再制造等重大关键工艺、技术和装备，打造一批特色制造企业和基地。

3. 大力推行先进节能环保技术

围绕装备产品的绿色化，加快产品绿色设计制造技术在装备制造业中的推广应用，大力推行绿色制造、智能制造和先进节能环保技术，从产品的全生命周期出发，综合考量资源与环境之间的平衡关系，实现制造过程的绿色化与智能化，使得经济效益、社会效益与环境效益协调优化，打造绿色和谐的产业样板。立足于中央“可持续发展”的相关要求，以产业结构调整为重要抓手，对市场准入制度进行严格的控制，优先使用先进的绿色技术、工艺和装备进行生产，加快推进增材制造技术（3D 打印）等材制造技术、轻量化技术等节材技术在装备制造过程中的应用，实现绿色生产，同时，对于技术水平十分落后，服役年龄超过固定期限，损耗大量能量并且对环境产生严重污染的落后工艺、技术和设备进行限制，甚至是淘汰。

4. 积极营造绿色健康的发展环境

一是要牢固树立绿色发展理念。理念是行动的先导，要加强绿色制造的宣传与推广，大力传播绿色发展理论，在全社会形成集约化、绿色化发展的自觉意识。二是要完善相关制度。着力完善绿色制造及其相关政策、制度和标准，建立严格的环境准入制度，健全节能激励机制，对实行节能技术的企业采用补助、奖励及相应税收优惠等政策进行支持，提高制造业企业绿色改造的积极性。三是建立社会监督机制。积极落实信息公开的有关规定，充分发挥多种媒体的社会监督功能，增强企业绿色发展责任意识，为装备制造业绿色发展营造良好的生态环境。

第三章　双碳目标下网络数字化技术在城市建筑中的应用

第一节　双碳数字化城市建筑概述

一、低碳建筑：让城市生活更美好

根据联合国环境规划署发布的数据，在全球能源消耗中，建筑行业的能源消耗占比为30%～40%，所产生的温室气体占比超过了30%。如果建筑行业不改变生产方式、提高能效、节能减排，到2050年其排放的温室气体在温室气体排放总量中的占比将超过50%。而按照规划，我国要在2060年实现碳中和。在这一目标的指引下，我国建筑行业必须实现深度脱碳，让二氧化碳实现近零排放。

（一）建筑能源利用现状

要了解建筑行业整个生命周期的碳排放与能耗，必须对建筑节能数据进行量化。根据中国建筑节能协会能耗专委会2020年发布的《中国建筑能耗研究报告（2020）》，2018年全国建筑全寿命周期能耗为21.47亿吨标准煤，在全国能量消费总量中的占比大约为46.5%。其中，建材生产、建筑施工、建筑运行三个阶段的能耗分别为11亿吨标准煤、0.47亿吨标准煤、10亿吨标准煤，在建筑全生命周期能耗中的占比分别为51.3%、2.2%、46.6%，在全国能源消费总量中的占比分别为23.8%、1%和21.7%。

2018年全国建筑全生命周期的碳排放总量为49.3亿吨二氧化碳，在全国能源碳排放总量中的占比为51.2%。其中，建材生产、建筑施工、建筑运行三个阶段的碳排放总量分别为27.2亿吨二氧化碳、1亿吨二氧化碳、21.1亿吨二氧化碳，在建筑全生命周期碳排放中的占比分别为55.2%、2%、42.8%，在全国能源碳排放中的占比分别为28.3%、1%、21.9%。

国家统计局公布的数据显示，2020年，我国建筑行业总产值为26.4万亿元，同比增长6.2%；建筑业增加值为7.3万亿元，同比增长3.5%，占全国GDP的7.2%。自2011年以来，建筑业增加值占国内生产总值的比重始终保持在6.75%以上，是国民经济的支柱产业。另外，我国建筑行业的规模居全球首位，每年新增建筑面积大约为20亿平方米，相当于全球新增建筑总面积的1/3。因此，在碳中和目标下，建筑行业低碳化发展、深度脱碳势在必行。

（二）低碳建筑如何改变我们的城市生活?

总而言之，建筑行业的低碳化发展，对于实现“双碳”目标、促进经济社会绿色发展将产生积极的推动作用，主要表现在对相关产品和产业产生积极影响、利用当地的可再生能源满足生产生活的用能需求、降低城市基础设施建设投资、降低城市的管理成本、城市环境更加安全五个方面。

1. 对相关产品和产业产生积极影响

首先，高端制造业抢占发展先机。一直以来，我国建筑使用寿命都设定在50~100年，导致市场上的建筑材料和产品质量较差，使用寿命不超过100年，高品质的建筑材料与产品在国内市场上反而没有生存空间，存在严重的“劣币驱逐良币”现象。随着节能建筑、被动式建筑、绿色建筑等成为流行趋势，建筑材料与产品市场的竞争规则发生了较大改变，开始追求材料与产品的性能，使原有的“劣币驱逐良币”现象得到较大改善。

其次，提升传统制造业的发展水平。随着上述技术推广应用，传统制造业的发展水平得以大幅提升。例如，我国是“五金件”生产大国，但被动窗一直依靠国外进口。随着国内企业不断成长，相关技术不断成熟，生产的被动门窗已经达到出口标准，产品质量可以与国外知名企业的同类产品相较量。

2. 利用当地的可再生能源满足生产生活的用能需求

随着节能建筑、被动式建筑、绿色建筑等理念的推广，一些低品质能源可以得到充分利用。例如充分利用太阳能、风能等能源发电，代替传统的火力发电；对雨水、废水等进行处理再利用，用来补充建筑用水等。

3. 降低城市基础设施建设投资

节能建筑、被动式建筑、绿色建筑等低能耗的建筑越来越多，将对城市基础设施建筑产生巨大影响，导致城市基础设施投资大幅下降，具体表现在两个方面：一方面，对建筑供热系统与供能系统的需求大幅下降。另一方面，城市管廊无须设置供暖供冷设施，导致管廊空间变小，内部腔室数量下降，管廊建设投资大幅下降，预计将降至原有投资水平的1/5。

4. 降低城市的管理成本

随着节能建筑、被动式建筑、绿色建筑等低能耗建筑实现规模化推广，风能、太阳能的使用成本不断下降，城市管理不会再产生供电管理成本以及供暖管理成本，导致城市管理成本大幅下降。

5. 城市环境更加安全

随着风能、太阳能等可再生能源的推广应用，城市污染将大幅下降，城市环境将变得更加健康。

二、我国建筑节能标准与提升路径

在绿色低碳发展的时代背景下，建筑行业出现了许多新概念，例如绿色建筑、超低能耗建筑、被动式建筑、健康建筑等，推动建筑行业进入技术变革时代。上述建筑理念有一些共同点，就是通过使用热工性能更加符合气候特点的建筑外围护结构，对建筑构造与功能进行调整，利用自然采光、自然通风等被动式手段降低能源需求，以达到节能减排的目的。

从20世纪80年代起，我国建筑行业就开始从易到难、从点到面推行节能理念。在这个过程中，作为推行国家建筑节能政策的有效依据，《公共建筑节能设计标准》发挥了重要作用。1997年发行的《民用建筑节能设计标准(采暖居住建筑部分)》是我国第一部建筑节能标准，此后30年，我国建筑节能标准按照北方采暖地区—夏热冬冷地区—夏热冬暖地区—公共建筑的顺序稳步推进，节能率从30%、50%、65%提升至75%，部分地区的节能率达到了80%。从1997年到2019年，我国出台了很多建筑节能标准。

有个问题需要注意：为了解2000—2004年全国建筑节能实施情况，住建部在2005年6月开展了一次调查，让各省市上报建筑节能实施情况。从上报结果看，超过90%的项目是按照《民用建筑节能设计标准（采暖居住建筑部分)》设计的，但最终只有30%左右的项目是按照标准建造的。由此可见，在这个阶段，我国建筑节能实施情况并不乐观。

2020年，全国大部分省份强制要求建筑设计与施工100%执行节能标准。例如，江西省规定“十三五”期间，新建建筑100%执行强制性节能标准，城镇绿色建筑占新建建筑的比例达到50%。任何政策的推行实施都需要一个过程，建筑节能标准化也是如此。从20世纪80年代至今，我国建筑节能标准的覆盖范围越来越大，逐步形成了以建筑节能专用标准为核心的独立建筑节能标准体系。未来，我国将不断提升建筑节能设计的强制性标准，同时建立更高节能性能的技术标准作为引导，对建筑能耗总量进行有效控制。

三、被动式低能耗建筑的理念与发展

20世纪70年代，“被动式建筑”理念在欧美国家迅速发展。1991年，德国达姆斯塔特建造了世界上第一座被动式建筑。简单来说，被动式建筑就是将自然通风、自然采光、太阳能辐射、室内非供暖热源得热等被动式节能手段与建筑围护结构高效节能技术相结合建造而成的低能耗建筑。

在被动式建筑领域，德国拥有世界领先的技术与标准。在过去 70 年间，建筑行业经历了三个发展阶段：第一个阶段是由住房危机引起的高速工业化导向；第二个阶段是由生态环境危机引起的健康环保导向；第三个阶段是由能源危机引起的高能效低排放导向。在过去 30 多年间，德国在高能效低排放导向阶段开发了很多新技术、新产品，在国际上处于领先地位。

随着气候危机席卷全球，德国建筑行业的技术创新有了更多内涵，逐渐从降低建筑使用过程中的能耗转向减少材料生产过程中的能耗，关注建筑全生命周期的能源利用效率。

近几年，我国的被动式建筑快速发展，建造面积以每年几百万平方米的速度快速增长。截至 2020 年 3 月，我国各省市共发布了 76 项与被动式建筑有关的政策。

在相关政策的引导下，2019 年我国建成及在建被动式建筑 700 多万平方米，其中河北省建成及在建被动式建筑 316 万平方米，对被动式建筑的推广产生了积极的推动作用。

在我国，被动式建筑率先在北方试行，到目前为止已经取得了不错的成果。近几年，为了推动被动式建筑落地，南方地区很多省份也出台了相关政策。

四、绿色建筑：让建筑回归自然

绿色建筑这一概念在我国出现了 10 余年，经历了从无到有、从少到多、从单个社区到整个城区、从试点城市到全国的发展过程。目前，我国直辖市、省会城市及计划单列市的保障性安居工程已经强制执行绿色建筑标准。在政府政策的支持下，我国绿色建筑工程稳步推进，企业、政府、大众对绿色建筑的认知不断加深，对绿色建筑的需求不断提升，绿色建筑发展取得了显著成效。

经过“十三五”时期的不懈努力，2020 年，绿色建筑在城镇新建建筑中的占比超过了 50%。2006 年，我国发布了第一部《绿色建筑评价标准》，之后又分别在 2014 年和 2019 年发布了两版《绿色建筑评价标准》。正是在这些不断更新的《绿色建筑评价标准》的引导下，我国绿色建筑才实现了健康稳定的发展。目前，我国绿色建筑行业使用的是 2019 年版的《绿色建筑评价标准》。

这一版本的推出有特定的时代背景，即随着我国生态文明建设不断推进，建筑科技快速发展，绿色建筑在发展过程中遇到了很多问题。同时，建筑行业出现了很多新理念、新技术，例如建筑工业化、海绵城市、建筑信息模型、健康建筑等，这些内容在 2014 年版的《绿色建筑评价标准》中均没有做出说明。

另外，根据党的十九大报告，在中国特色社会主义建设新阶段，经济发展要坚持以人民为中心，以增进民生福祉为根本目的，保障和改善民生，满足人民日益增长的美好生活需要。同时，我国要践行绿色发展理念，创建绿色低碳可以实现循环发展的经济体系，以及以市场为导向的绿色技术创新体系，降低生产过程中的能耗，将生产系统与生活系统对接，建立良好的循环体系，在全社会范围内推广简约、绿色、低碳的生活方式，创建绿色学校、绿色社区、绿色家庭等。

2019 年版的《绿色建筑评价标准》吸收建筑科技发展过程中的新技术、新理念，拓展了绿色建筑的内涵，提高了建筑的安全性、耐久性以及节能方面的要求，新增室内空气质量、水质、健身条件、环境宜居、服务便捷等人性化要求，希望提高建筑的整体性能。

五、基于全生命周期的节能建筑路径

建筑全生命周期有三个阶段会产生能耗，分别是建筑建造阶段、建筑运行阶段和建筑拆除阶段。其中，建筑建造阶段的能耗主要产生于建筑材料的开采、生产、运输环节，建筑构件生产环节；建筑运行阶段的能耗主要产生于供暖、制冷、通风、空调和照明等用于维护建筑环境的设备与系统用能，建筑内活动，包括办公、炊事等用能；建筑拆除阶段的能耗主要产生于拆除机械运作产生的能耗，拆除后物料运输产生的能耗，以及材料回收处理产生的能耗等。

（一）建筑建造阶段

在建筑建造阶段，碳排放主要来源于建材生产和现场施工。在建筑全生命周期的碳排放中，这个阶段的碳排放占比接近30%。在建筑建造阶段，建筑材料的用量增加、施工过程中的机械化程度提高、建筑质量或标准提高导致单位建造成本提高等，都会导致这一阶段的碳排放增加。相反，施工机械的能效提高、能源使用强度降低、能源结构优化等，都会导致这一阶段的碳排放减少。

1. 建筑材料减碳

通过使用可回收、可再生的材料或者复合纤维材料实现碳减排，如木材、利用植物纤维制造的具有高阻燃性和高强度的建筑材料。另外，建筑企业还可以对既有材料进行回收再利用，这里的“既有材料”可以参考“城市矿产”这一概念。

城市矿产指的是废旧机电设备、电线电缆、通信工具、汽车、家电、电子产品、金属和塑料包装物以及废料中潜藏的可以循环利用的钢铁、有色金属、贵金属、塑料、橡胶等资源。通过对这些资源进行回收再利用，不仅可以缓解资源短缺问题，而且可以减轻环境污染，发展循环经济。同时，建筑行业还可以利用再生混凝土、再生砖、再生玻璃、再生沥青等再生材料减少碳排放。

2. 结构工程减碳

① 通过优化结构设计提高结构韧性，延长结构的使用寿命，从而降低碳排放；

② 通过简化结构减少建筑材料的用量，从而降低碳排放；

③ 通过构件再利用技术减少碳排放，例如对连接件、节点等进行再利用。

3. 建造过程减碳

① 采用低碳工艺与绿色建造体系；

② 减少建筑垃圾的产生，对建筑垃圾进行再利用；

③ 采用新型节能装备和工艺；

④ 执行绿色施工标准；

⑤ 推广装配式建筑。

（二）建筑运行阶段

建筑运行阶段指的是建筑使用阶段，倾向于使用能耗更少的节能设备或者建筑技术，实现建筑运行阶段的碳减排。建筑运行过程消耗的能量根据建筑系统而变化，建筑使用过程就是消耗能量的过程。根据世界可持续发展工商理事会（World Business Council for Sustainable Development，WBCSD）报告，建筑物消耗的能源中有 88% 是在使用和维护过程中消耗的。为了提高建筑运行过程中的能源利用效率，在建筑设计阶段可以采取的措施如下。

1. 支持多用途改进

可持续发展理念主张将房屋与交易区域、办公室和零售区域结合起来，让人们有机会在他们工作和购物的地方居住，这使得社区的形成不同于传统社区。

2. 将设计与公共交通相结合

以支持公共交通为前提设计可持续建筑。在日常生活中，成千上万的车辆进出会造成空气污染和交通阻塞，并且需要大量停车位。

3. 使用节能灯泡和节能设备

例如发光二极管（LED）是目前最节能、发展最快的照明技术之一，使用 LED 取代传统灯具，可以更好地达到节能效果。

4. 照明控制

照明要求针对建筑设计。白天，建筑对照明的需求主要取决于窗户的大小、窗户的位置以及建筑物的位置。节能建筑通过自动控制来减少照明需求，自动控制则取决于建筑物窗户的方向、日光的供应以及房间的使用。

（三）建筑拆除阶段

目前，关于建筑碳中和的研究大多集中在建筑运行阶段，对建筑拆除阶段的研究比较少。建筑拆除阶段实现碳中和的逻辑主要是对建筑拆除后的资源进行回收利用，减少资源浪费，进而减少碳排放。

为了实现碳达峰与碳中和的目标，我国出台了很多政策，给建筑行业带来了较大的挑战。政府出台的政策都比较宏观，想要实现这些宏观目标，建筑企业还需要从自身出发，从微观做起。具体来看，建筑企业要实现碳中和，要在建筑拆除阶段做好以下几点。

① 推动老旧小区改造，以修代建，防止大拆大建；

② 制定清晰的碳中和路径，推动整个建筑行业有序实现碳中和目标；

③ 控制建筑规模，积极推进建筑电气化，转变建筑行业的发展模式，从粗放式发展转向集约式发展；

④ 建筑行业想要实现碳中和，必须使规划、设计、施工、运行、拆除等环节相互协作、共同推进。

第二节 城市建筑节能设备技术建设与优化

一、城市建筑节能设备技术建设

（一）空调系统的制冷主机设备

建筑行业可以使用高效设备，辅之以智能化管理手段，通过加强设备的运行管理来提高能源使用效率。一般来说，建筑行业可以使用的高效设备包括空调制冷主机、高效水泵风机、节能电机、高效制冷机房、能源管控平台等。

下面我们首先分析制冷主机技术。在空调系统中，制冷主机的能耗极高。为了降低制冷主机的能耗，各主机厂家在机组研发方面投入了大量资源。目前，制冷主机的创新研究取得了以下三大成果：第一，磁悬浮离心式机组，这类产品呈现出爆发式增长之势，产品线不断丰富，冷量范围与使用场景不断拓展；第二，螺杆机组应用温区及应用场景不断拓展；第三，吸收式热泵成为“大温差”供暖的核心技术，吸收式制冷技术亟待突破。

1. 磁悬浮离心式机组

磁悬浮压缩机的普及应用促使磁悬浮离心式机组实现了爆发式增长，代表厂商包括麦克维尔、格力、海尔等，其优点如下：

（1）节能高效，运行费用低

磁悬浮离心式机组采用磁悬浮压缩机、直流变频控制、无油润滑等先进技术，极大地提高了产品的能效比。在部分负荷运行条件下，磁悬浮离心式机组运行的能效比（COP）能够达到12，相较于常规冷水机组来说，可以节省近一半的电能。

（2）稳定耐用，维保费用低

磁悬浮离心式机组采用无油运转技术，运作过程中不会产生摩擦，相较于常规轴承来说更耐用。从摩擦损失来看，磁悬浮轴承的摩擦损失只有传统离心式轴承的2%，磁悬浮空调的寿命可以达到30年。因为采用无油运转技术，基本消除了油路系统、油泵等零部件故障，将机组的可靠性提高了30%~50%，降低了检修成本。磁悬浮离心式机组的主机不需要每年清洗，只需要简单处理蒸发、冷凝器的水垢即可，清洗费用较低、操作简单，极大地提高了机组清洗效率。

（3）安装简单，施工费用低

磁悬浮离心式机组不需要软启动器，不仅节省了软启动设备，而且消除了对电网的冲击。因为机组震动较小，所以只需要设置简单的减震装置，按要求增加橡胶垫或减震器即可。

（4）负荷智能调节，高效舒适

在磁悬浮变频压缩机的支持下，磁悬浮离心式机组可以实现10%～100%负荷连续智能调节，将出水温度变化控制在0.1℃以内，保持温度变动平稳，提高舒适性。

（5）震动小，启动电流小

在磁悬浮的作用下，运动部件完全悬浮，在运行过程中不会产生机械摩擦，再加上气垫阻隔震动，所以不会产生太大的噪声与震动，压缩机噪声一般不会超过70db（A）。常规制冷机组的压缩机启动时会产生高冲击电波，一般会达到400～600A，导致电网不稳定，而磁悬浮机组采用变频启动的方式，启动电流只有2A，不会对电网造成较大冲击，在设计电网时不需要进行专门防护。

（6）绿色环保

磁悬浮离心式机组使用R134a（1，1，1，2－四氟乙烷），不会对臭氧层造成伤害，满足绿色环保要求。

（7）效率稳定

常规的大螺杆式机组系统即便每年清洗，也会有润滑油残留，最高会导致25%的能效损失，运行年限越长，运行效率下降越明显。磁悬浮机组采用无油运转技术，不会产生润滑油残留，即便运行年限增加，运行效率也不会因为润滑油残留而下降。

2. 气体轴承离心式机组

气体轴承离心式压缩机与磁悬浮离心式机组一样，都采用了“无油”润滑轴承，两者之间的不同之处在于，气体轴承离心式压缩机不需要复杂的传感器及控制系统，成本更低，维护起来更简单，适合小冷量机组使用，代表厂家包括美的、LG、顿汉布什、纳森等。

其中，顿汉布什研发了一款气体轴承离心式冷水机组，使用R134a，制冷量为300RT，COP能够达到6.3，综合部分负荷性能系数（Integrated Part Load

Value，IPLV）能够达到12.2。LG研发的气体轴承离心式冷水机组的制冷量为150RT。

（二）水泵风机高效节能系统

在全球电力能耗中，水泵能耗占比大约为10%。如果使用高效水泵，全世界可以节省大约4%的电能。目前，水泵节能最常用的方式就是使用高效水泵风机，节能方式主要有三种，一是设备节能，二是提高水泵风机的系统效率实现节能，三是在水泵风机运行过程中实现节能。

1. 水泵风机设备节能

企业在设计、生产水泵风机时要执行更高的标准，最大限度提高水泵的使用效率，减少水力损失，达到节能目的。

2. 提高水泵风机系统效率

从节能角度对水泵风机系统进行设计，让系统各部件的匹配效果达到最佳，从而提升水泵风机系统的使用效率，延长水泵风机的使用寿命。

3. 水泵风机运行过程中的节能

通过变速调节在水泵风机运行过程中实现节能。变速调节直接通过水泵转速的变化来改变水泵的性能，不会产生功率损耗。实现方式有很多，包括通过齿轮变速箱、皮带传动、变频、电动机等实现。

在上述节能方式中，变频调速是最理想的方式，其优点在于效率高、无级调速、调速范围广，缺点在于需要投入较多资金。

（三）节能减排电机的选择

1. 电机耗能大的原因

电机是生产系统必备的零部件，电机耗能大的原因如下：

（1）电机负载率低

电机选择不当，富余量过大或者生产工艺发生变化，导致电机的实际工作负荷比额定负荷小，最终导致电机的运行效率过低。

（2）电源电压不对称或者电压过低

三相四线制低压供电系统的单相负荷不平衡，导致电机的三相电压不对称，电机产生负序转矩，使得电机三相电压不对称问题进一步严重，电机运行损耗增加。再加上电网电压长期偏低，导致电机电流偏大，增加电机损耗。三相电压越不对称，电压越低，损耗越大。

（3）老、旧电机没有及时淘汰

老、旧电机指的是使用 E 级绝缘的电机，电机体积较大，启动性能较差，运作效率较低，几经改造仍在使用，导致损耗较大。

（4）维修管理不善

有些企业没有按要求及时对电机进行维修保养，导致电机损耗越来越大。

2. 提高电机运行效率的措施

针对上述问题，相关企业可以采取以下措施提高电机运行效率，达到节能目的。

（1）选用节能型电机

与普通电机相比，节能型电机选用高质量的铜绕组和硅钢片，整体设计更加合理，运行损耗可以下降 20% ~30%，运行效率可以提高 2% ~7%，投资回收期相对较短，一般为 1 ~2 年，有的只需要几个月。因此，为了提高电机运行效率、降低能耗，用节能型电机取代传统电机是必然趋势。

（2）适当选择电机容量

我国对三相异步电动机的三个运行区域作了规定：一是经济运行区，负载率为 70% ~100%；二是一般运行区，负载率为 40% ~70%；三是非经济运行区，负载率不超过 40%。电机容量选择不当就会造成电能浪费。因此，为了减少损耗，企业要选择合适的电机，提高功率因数与负载率。

（3）电机的功率因数无功补偿

无功补偿的主要目的在于提高功率因数、减少功率损耗。功率因数 = 有功功率/视在功率。如果功率因数较低，就会导致电流过大。假设负荷与电压稳定，功率因数越低，电流就越大。因此，为了节约电能，要尽量提高功率因数。

（4）变频调速

企业在选择风机水泵类负载时一般会考虑满负荷工作需用量，但在实际工作情景中，大多数电机不会处于满负荷工作状态。交流电机调速比较困难，调节风量或流量最常用的方法就是使用挡风板、回流阀或者调整开关机时间。同时，在工频状态下，大型交流电机的开、停都比较困难，电能损耗比较大，会对电网造成较大的冲击。

而采用变频器直接控制风机、泵类负载，当电机转速稳定在额定转速的80%时，节能效率就能达到40%，同时可以实现闭环恒压控制，大幅提高电机的节能效率。在变频器的控制下，大型电机可以实现软停、软起，不会对电网造成较大冲击，从而减少电机故障的发生率，延长电机的使用寿命，降低对电网的容量要求。

（四）中央空调高效制冷机房

在公共建筑产生的能耗中，中央空调的能耗大约占到了40%，由此可见，降低空调能耗对于建筑节能来说至关重要。在中央空调节能方面，引入高效制冷机房是一条非常有效的途径。

近年来，在国内的中央空调市场上，受种种因素的影响，高效制冷机房的发展面临着如下困难：

① 没有完善的系统规划与设计，没有根据实际需求选择设备，导致设备在运行过程中产生了较高的能耗。

② 建设周期长，机房为设备独立进场、单独安装，周期长、精度低；

③ 空调入口设计大多为冷水 7 ~ 12 ℃，冷却水 32 ℃，没有考虑负荷变化，没有考虑冷却塔与主机是否匹配。

④ 系统缺乏设备运行状态、系统能耗等方面的实测数据。

为了解决上述问题，企业可以采取一些措施将高效制冷机房的优点真实地展现出来，这个过程可能涵盖产品设计与研发、系统集成、施工及后期运维等阶段。因此，制造企业要根据工程的全生命周期对制冷机房进行设计、施工、调试与运行管理，让制冷机房的动态性能达到最佳，弱化对运行人员的依赖，创建一套智慧化运行管控系统。除此之外，制造企业还可以面向不同的应用场景和需求研发空调主机、水泵、换热器、阀门等高效设备，推动制冷业从“制造”升级为“智造”。

高效制冷机房的初期投资成本较高，后期经济回报周期长短不一，再加上需要长期管理与维护，投资方综合考虑各种因素可能决定投资，也可能决定不投资，因此项目能否落地在很大程度上取决于投资方的最终决策。另外，高效制冷机房对建筑规模也有一定的要求，要求建筑体量超过 60000 平方米甚至更大，只有这样才能将高效机房的节能效果体现出来。

综上所述，高效制冷机房可以有效降低中央空调的能耗，但在推广应用的过程中面临着很多挑战，具体包括：没有完善的标准，无法对能效进行合理测量，需要安装公司配合才能保证项目落地，需要开展经济性测算，全生命周期的概念亟待普及等。

（五）区域供冷系统及其优缺点

区域供冷系统是在能源短缺、科技进步、城市化发展的背景下诞生的，属于城市或区域能源规划及分布式能源站的一个组成部分，发展到今天已有 60 多年。从技术层面来看，区域供冷系统一般由区域供冷站、输送管网、用户入口装置三部分构成，供冷站集中制备冷水，然后通过区域管网将冷水输送到某个特定区域内的多个建筑物中，满足这些建筑物对空调冷源的要求。区域供冷系统由一个或者多个供冷站组成，是区域能源系统的重要组成部分，可以与分布式能源站、热电厂、城市燃气系统及其他余热利用等相结合，共同组成能源梯级利用系统。

根据《民用建筑供暖通风与空气调节设计规范》的相关规定，区域供冷系统的适用区域包括城市中心商业区、高科技产业园区、大学校园、大型交通枢纽、大型物流仓储中心和工业企业、新开发的高档住宅小区、为改善街区环境必须进行空调设施改造的区域等。在气候炎热的夏天，如果某区域公共建筑的密度很大，就可以采用区域供冷系统降低建筑运行成本。

目前，在国内，上海虹桥商务核心区区域集中供冷项目、武汉光谷软件园集中供冷项目、珠海横琴岛多联供燃气能源站项目等区域供冷项目都已经成功落地，但人们对区域供冷系统有褒有贬，评价不一。对区域供冷系统的优缺点进行具体分析，结果如下：

1. 区域供冷系统的优点

① 区域供冷系统可以整合区域的能源系统，扩大公共服务供给；

② 相较于分散式供冷来说，区域供冷系统的设计更先进，设备更完善，安装、调试、运营管理等更成熟；

③ 区域供冷系统可以减少 20% ~25% 的装机容量和配电容量，虽然增加了管网投资，但整体来看投资额有所减少；

④ 区域供冷系统可以节省 10% ~20% 的建筑面积，占地面积较小。

2. 区域供冷系统的缺点

① 区域供冷要计算人力成本、设备折旧、资金成本、税金和合理利润，导致价格过高，超过了 0.7 元/千瓦时；

② 相较于分散供冷来说，区域供冷在输送过程中会产生一定的损耗，导致整体能效降低 10% 左右；

③ 经营难度大，冷负荷发展周期具有很大的不确定性，“达产”时间比较长，资金回笼比较慢。

对区域供冷系统的优缺点进行综合考虑可以得出如下结论：经济发达、土地资源短缺、供冷时间较长的华南地区不适合采用区域供冷。因此，区域供冷想要获得更好的发展，必须选择合适的应用场景，做好规划设计与运维管理。

（六）建筑新能源技术与管控平台

能源管控中心要利用自动化、信息化、智能化技术，对能源购入存储、加工转换、输送分配、终端使用等环节进行数字化管理与动态监控，对能效进行分析、管理与考核，创建企业节能降耗管控一体化系统，并安排专业人员进行管理。

能源管控平台的主要功能是对用户端能源进行管理分析，对水、气、煤、油、热（冷）量等能源进行集中采集与分析，对用户端能耗进行细分，将各类能源的使用情况以数据或图表的形式呈现出来，以便管理人员及时发现能耗较高的部分或者不合理的能耗习惯，为节能改造、设备升级提供足够的依据。

2011 年至今，我国发电量始终高居世界第一，而且在全球发电总量中所占比重越来越大。根据全国能源信息平台在 2021 年 2 月发布的数据，2020 年全年，我国发电量为 7.42 万亿千瓦时。

新能源装机容量与发电量持续增加，对碳达峰、碳中和的实现产生了积极的推动作用。利用可再生能源替代化石能源，减少建筑的碳排放，具体措施包括电网电力的清洁化、建筑本体清洁能源的自生产。

1. 光伏建筑一体化

根据《民用建筑太阳能光伏系统应用技术规范》（JGJ203—2010）的定义，光伏建筑一体化（Building Integrated Photovoltaic，BIPV）指的是“在建筑上安装光伏系统，并通过专门设计，实现光伏系统与建筑的良好结合”。同时还引申出“建材型光伏构件”，对其的定义是“太阳电池与建筑材料复合在一起，成为不可分割的建筑材料或建筑构件”。也就是说，光伏建筑一体化使用的建材型光伏构件必须具备普通构件的功能与特性。建筑项目只有合理使用建材型光伏构件才能称为 BIPV 项目。

随着 BIPV 行业不断发展，相关科技不断迭代，市场上出现了各种各样的建材型光伏构件。在实际应用的过程中，这些构件不仅发挥着建材应有的功能，而且为建筑美学设计赋予了不同的内涵。一般情况下，建材型光伏构件主要应用于建筑的立面、屋面、外遮阳、雨棚、外窗以及停车棚、车库入口等附属设施。

为了实现碳达峰、碳中和目标，建筑行业会不断升级“光伏＋”概念，光伏建筑一体化这一概念将在很长一段时间内保持热度。近几年，BIPV 市场吸引了隆基、英利、晶科、东方日升、中信博、秀强股份、金晶科技等光伏企业相继进入，这些企业通过跨界收购、加大投资、积极研发，开发出很多 BIPV 领域的应用产品，促使 BIPV 实现产业化发展。

据中国科学研究院预测，中国现有建筑面积 600 亿平方米，大约有 1/6 可以安装 BIPV 产品，装机容量大约 1500 吉瓦。同时，我国每年新增建筑面积大约为 20 亿平方米，可以安装 BIPV 产品 15 吉瓦以上。可见，在我国建筑领域，BIPV 拥有广阔的发展空间。正是基于这一点，BIPV 才吸引了大量企业前来布局。

目前，BIPV 正处于技术推广阶段，还没有实现规模化应用。为了推动 BIPV 行业健康有序发展，首先要围绕 BIPV 行业编制标准体系，覆盖建筑设计、建筑建造、建筑验收整个过程；其次要搭建产业对接平台，促使光伏与建筑实现深度融合；最后要在全社会范围内开展光伏建筑一体化推广计划，扩大 BIPV 的应用范围。

2. 其他新能源

目前，风能、太阳能、潮汐能、地热能、水能、核能、生物乙醇、工业余热、生物质能、沼气、垃圾填埋气等新能源已经具备落地应用的条件，除此之外，还有一些目前停留在概念层面，未来必将落地应用的技术，包括微生物电池等。随着技术的不断发展，新能源的类型将越来越多，应用范围、应用空间也将越来越广。

3. 碳捕捉

碳捕捉就是将大气中的二氧化碳捕捉压缩到枯竭的油田、天然气或其他安全的地下场所。碳捕捉常用的分离技术有三种，分别是物理吸收法、化学吸收法和膜分离法。

物理吸收法指的是对化石燃料燃烧后产生的气体进行收集，然后利用溶剂萃取废气中的二氧化碳，进行降温处理，获得固态的二氧化碳。化学吸收法指的是利用二氧化碳溶于水形成酸的特性，在烟道内安装脱碳吸附装置，利用化学吸收剂吸收废气中的二氧化碳。膜分离法是基于膜选择性渗透的特点，利用压差让二氧化碳穿过薄膜，从而获得高纯度的二氧化碳。

传统的碳捕捉和封存装置一般安装在烟气排放处，在二氧化碳排入大气之前将其吸收处理。这种方法虽然使用了很长时间，但购买成本、运营成本都比较高，而且无法100%捕获二氧化碳。对于建筑企业来说，安装这类设备不会获得任何收益，而且面临着一定的技术瓶颈，导致这类设备迟迟没有实现普及应用。为了鼓励建筑企业安装碳捕捉装置，相关部门可以出台一些政策。

二、大型建筑冷源系统调控与节能技术优化

（一）节能优化平台总体设计

对大型建筑制冷领域内末端的负荷特性、设备运行特性以及能耗特性进行分析，在此基础上总结在冷源群控场景下节能优化控制需要满足的要求。根据上述分析设计冷源系统节能优化平台，其中包含相适应的冷负荷预测方案、系统模型搭建方案与优化调控策略。

1. 冷源系统节能应用场景

在大型建筑制冷场景中，使用中央空调冷源系统的主要有如下应用场景：

（1）商业综合体、企业办公楼

商业综合体与企业办公楼的负荷特性比较相似，都呈现较为明显的时间周期性，同时负荷较小。因此，这种类型建筑冷源系统配备的冷机数量少，常由物业人员管理，根据经验在不同时期启用不同的制冷方案。为了进一步降低能耗，冷源群控正向着先进自动化的目标发展，即在保证制冷效果的前提下达到整体能耗最低的状态。实现这一目标，需要两部分的工作。第一，建立起时间、环境等与末端冷负荷的对应关系，从而合理预测建筑冷负荷；第二，通过智能寻优算法对系统的运行参数进行优化，要实现这一目标还需

要建立冷源系统的运行模型与能耗模型，提供优化的平台。例如商业综合体在节假日时人流激增，可以根据变化的人流量提前预测到冷负荷增加的趋势，再开启更多的冷机进行预冷；而企业办公楼在工作日的固定时段时员工最多，冷负荷最大，就可以在周一至周五根据时间来设定冷源系统的控制表。

（2）数据中心

数据中心的末端为多个全天使用的机房，冷负荷巨大且较稳定，需要全年制冷，对冷源供冷量的要求也很大。然而考虑到不同季节，冷源系统需要采取全电、半电等不同的制冷模式，数据中心正朝着通过自适应模式调整来节能的方向发展。为了实现上述目标，需要对大量的设备运行参数、外界温度及湿度进行分析，采用数据驱动的方式，在不同的负载、天气情况下合理预测末端负荷，选择能耗最低的设备组合模式。

（3）大型工业产区

大型工业产区同样具备大负荷的特点，但是受到末端不同车间生产效率以及生产强度的影响，冷负荷变化较大，因此同样需要获取各车间的生产计划来预测工厂冷负荷，再根据制冷需求来调整冷源系统参数，进而提升冷源系统的使用效率，降低系统能耗。例如，将工厂进行分区，对各区域的生产强度进行评级，结合天气条件预测冷负荷，从而优化对冷源系统的控制。

（4）机场、火车站

机场、火车站具有楼层少、单层面积大、层高较高的特点，且围屋结构多为玻璃，楼顶采取穹顶结构，因此温室效应严重；另外，此类建筑人流量也较大，因此冷负荷受太阳辐射、外界温度、人流量等因素影响；同时，在冷源系统中，此类场景多采用7℃的大温差控制，并以设计的最大人流量作为供冷目标，因此需要根据实时的负荷来调整控制策略。例如当人流量较小、太阳辐射较弱时，减小水泵频率，降低系统能耗。

综上所述，这些应用大型中央空调冷源系统的场景具备以下特点：

① 建筑冷负荷与人流量、末端生产情况、天气等参数有关，在不同场景中各参数占比也不同；

② 冷源系统中各设备的控制相对独立，对单一属性设备的参数优化只能保证局部最优解；

③ 目前对系统的控制大多为人为操控或简单的 PID 控制，缺少先进的群控策略。

2. 冷源系统控制现有架构缺陷及需求分析

在中央空调冷源系统控制的场景中，被控对象主要为冷水机组、冷冻水泵、冷却水泵、冷却塔、各种电磁阀门等。这些子设备一般都有固定的运行逻辑与控制策略，并根据不同设备的属性，在现场配备不同的控制柜，将控制信号下发给设备。目前常见的管理方式为在本地配置一台上位机，通过以太网采集并显示各设备的关键运行数据，由物业人员根据现场实际情况来调节冷源的运行参数，而一些简单的算法可以在设备层中的 PLC（可编程逻辑控制）控制器里实现。

（1）冷源系统控制现有架构缺陷

随着大数据时代的到来，冷源群控系统出现了设备统一管理、多模式切换、冷机调度、运行参数自优化等需求，上述传统系统架构在多方面存在局限性。

① 供冷侧与需冷侧匹配度较差。当前，冷源系统供冷量的多少通常有以下三种方式来决定：较为粗放的，直接按照设定的最大需冷量进行供应，能源浪费巨大；人为管理的，凭借现场物业人员的经验在预设值附近进行人工调整，能够节省一定的能耗，效果不显著；安装了冷源群控系统的，通过水温、流量等进行 PID（比例积分微分控制）控制，具备一定的自动调节能力，但考虑到整个制冷系统的大滞后特性，该方法对于供冷量的控制并不及时，且 PID 设定值凭借人工经验调整。由此可见，以上方案都不能很好地匹配供冷侧与需冷侧，常常造成供大于求的现状。

② 缺乏全期可靠的系统建模方式。传统的机理建模侧重于用数学公式描述设备的物理运行规律，缺乏长期的自整定功能，准确率会随着使用时间的增加而下降；新兴的数据驱动建模更擅长通过运行数据学习设备的表现，但

对现场的原始数据集要求较高。在对设备进行控制前，需要评估控制策略下发后整个系统的表现，然而缺乏可靠的建模方案，就无法评估出各个设备以及整体系统在不同参数下运行的能耗与效率，也就不能确定最佳的参数运行指令。因此当下单一的建模方案无法保证长期的高准确性，也就难以为优化提供基础。

③ 优化能力不足。传统控制架构下，冷源系统的子设备是分属性管理的，即冷机、水泵等分别配置一个控制柜进行独立控制，彼此信息不互通，导致只能达到局部最优的情况，常常顾此失彼。另外，对单个设备的优化也是在 PLC 控制器内完成，其运算能力较弱，不具备运算神经网络模型、混合优化算法的能力，仅能使用传统的 PID 控制策略。

（2）冷源系统控制需求分析

根据上述冷源系统控制架构现有缺陷，结合制冷应用场景的特点，本书设计的节能优化平台架构需要满足以下需求：

① 末端冷负荷预测需求。建筑冷负荷受多因素影响，变化频繁。在工作日需要采集冷源运行参数与室外天气数据，结合建筑内部的产热情况预测短期的末端冷负荷，为冷源的实时控制提供依据，保证供冷侧输出与需冷侧消耗间的动态平衡。

② 多工况仿真模拟需求。现场冷源的设备台数较多，可能的工况种类复杂，需要对整个冷源系统建立准确的仿真模型，使其能够模拟不同启停配置、不同参数控制下的系统能效，为不同的控制方案给出结果参考。

③ 高效实时优化需求。冷源设备间耦合关系复杂，难以直接描述能耗公式，需要使用高效的优化算法，通过仿真模型对控制参数进行寻优，在保证冷源输出满足预测冷负荷的前提下，选择系统总体能耗最低的控制参数组合。

3. 面向冷源系统的节能优化平台架构设计

目前主流的中央空调冷源系统多采取分设备管理控制模式，由各 PLC 控制器对设备进行控制，监控软件仅采集底层设备的参数信息。然而在冷源系统中，各设备间耦合现象严重，各设备独立控制无法达到整体的能耗最优点；

另外，PLC 控制器中无法运算复杂的优化算法。因此需要在监控软件之上，开发一个节能优化平台，能够实现复杂的智能优化算法，并对设备进行统一调度。

针对中央空调冷源系统的场景特点，结合冷源群控目前的局限性，可设计一套节能优化架构，从下至上分别为感知控制层、基础设施层、系统平台层、系统应用层。

在冷源系统运行过程中，现场的重要参数例如水温、流量等通过 PLC 控制器传到数据平台层，数据平台层对接收的数据做预处理与建模，并在展示数据的同时将其上传到节能优化平台，根据最新的现场数据进行冷负荷预测，并将预测结果与天气数据输入仿真模型中，在模拟现场工况的同时，运行节能优化算法来寻找当前的最优工况点，将寻优得到的设备参数通过监控层下发给设备感知控制层，由 PLC 控制器对各设备进行实时控制。这里将各层平台的功能进行划分。

（1）设备感知控制层

该层为现场部署的冷源设备、传感器以及控制器，设备包含冷水机组、冷冻水泵、冷却水泵、冷却塔、水管、阀门等，主要通过冷水机组的内循环将冷冻水的热量带到室外，再将降温后的冷冻水输送回建筑末端制冷，阀门控制末端的水管压力。本次对设备层做了改造，出水管道阀门改为定压差电磁阀，在不同负荷的情况下保证末端水压；所有的水泵加装变频器，变频水泵的控制方式为 PID 定温差控制；同时增设了多个传感器用来测量水泵两端压差、各单元的水流量与进出口温差，作为 PID 控制的实时值，并丰富原始数据，提供给上层进行处理与应用。控制器包含了各类设备的控制柜以及汇总了所有设备控制信息的冷源群控柜，通过环形以太网的冗余设计连接起来。控制柜内置 PLC 控制器，与现场的传感器、冷水机组面板等通过 MODBUS 通信协议，完成对现场数据的采集以及控制指令的下发。

（2）基础设施层

该层主要实现对设备点位数据的汇总与传输，包含了边缘网关、服务器、数据采集软件等，边缘网关接入底层不同协议的传感数据，并统一转化为OPC（用于过程控制的对象链接和嵌入）协议传到服务器的数据采集软件中，数采软件对数据进行简单的打包分类后，进一步将其上传到数据平台层进行处理。

（3）数据平台层

该层主要实现对上传数据的处理、监控以及设备的全期准确建模。将通过基础设施层传输的设备信息按照属性进行分类、展示，并根据不同点位的特点进行数据清理、数据校准，达到剔除孤立点以及降低系统误差的目的。继而，考虑到设备老化的问题，在各设备的机理模型中加入数据驱动建模，对其偏移的特性曲线进行修正。例如，获取到水泵的流量、两端压差后，可根据水泵的流量—扬程公式拟合出最新的特性曲线。

（4）节能优化平台

该层主要对处理完的数据与模型进行应用，结合建筑末端的人流、负荷强度以及天气条件的补偿，实现冷负荷的短期预测，并将其作为冷源系统模型的外部输入，完成系统整体的智能寻优，从而给出系统的最佳能源优化调控策略，将预估的优化效果与优化变量下发至数据监控平台进行展示与评价，将各设备下一阶段的可控参数设定值下发至设备控制平台，实现对现场设备的控制。

（二）快速高效的冷源系统节能优化策略

中央空调冷源系统的可控参数很多，各参数间耦合关系复杂，且都会对系统的能耗与效率产生影响。

1．优化策略制定

确定的优化变量包含冷水机组设定的冷冻水出水温度、冷却塔设定的冷却水出塔温度、冷冻泵的设定温差、冷却泵的设定温差以及各设备的启停台数。

优化方案一：变启停台数与冷冻水出水温度。这是投入最小的优化方案，因为它几乎不需要对冷源的主要设备做硬件改造。设备的启停台数由 PLC 控制器内置的群控算法控制，首先，将各台冷机与对应台数的水泵进行启停绑定，当某台冷机开启前，首先启动对应的水泵；其次，实时检测当前开启冷机的电流百分比，当其大于 90% 且保持 10 分钟后，进行加机操作，开启一台冷机与对应的水泵，当其电流百分比小于 40% 且保持 10 分钟后，进行减机操作，关停一台冷机与对应的水泵。按照制冷量从大到小的方向进行开机，减机时则按照制冷量从小到大的方向。

优化方案二：变启停台数、冷冻水出水温度与冷冻泵设定温差。启停台数的控制与方案一原理相同，冷冻水出水温度与冷冻水温差实际上是一对耦合变量，共同完成对冷冻水循环的控制。从单设备角度来说，冷冻水出水温度越高，冷机能耗越低；冷冻水设定温差越大，冷冻泵的能耗也越低。但同时，冷冻水回水温度等于冷冻水出水温度加上冷冻水设定温差，这个参数过高会导致末端冷冻水与通风系统的换热效率降低，从而达不到预期的制冷效果。

优化方案三：变启停台数、冷却塔出水温度与冷却泵设定温差。该优化方案更加着重于冷却水循环的优化控制。冷却塔出水温度与冷却泵设定温差同样是一对耦合变量。冷却塔出水温度越低，冷却塔能耗越高，冷水机组能耗越低；冷却泵设定温差越大，冷却泵能耗越低，冷却塔的进水温度越高，冷却塔的能耗也越高。

优化方案四：变启停台数、冷却塔出水温度、冷水机组设定的冷冻水出水温度、冷却泵设定温差与冷冻泵设定温差，即对所有优化变量进行优化。该方案的改造投入成本最大，同时优化效果也是最好的，可以从系统全局能耗的角度出发，考虑各设备间的耦合情况，寻找最优的控制参数组合。

对于不同的优化方案来说，整体的控制逻辑类似。首先，根据现场采集的数据对未来 15 分钟的冷负荷做一个短期预测；其次，将冷负荷预测文件作为冷源系统仿真模型的输入，模拟未来工况；最后，采用智能优化算法，对所选优化方案中的优化变量进行寻优，达到降低系统能耗的目的。

2. 面向冷源节能的智能优化算法

智能优化算法，就是按照既定的模式来改变各优化变量的值，最后得到一个效果较好的解。目前，随着工程项目逐渐复杂，需要解决的问题也更加棘手，人们对智能优化算法不断推陈出新，并将其应用于复杂的工程问题中。

所有的优化问题，其本质都是求极值问题。传统的优化算法寻优速度较快，通常是设置一组初始变量，然后根据其寻优机制调整其中一个变量的值，得到目标值，再保证其他变量不变，调整另一个变量的值，得到新的目标值，不断重复上述过程，直至算法收敛至最优解。鉴于此类算法的寻优过程简单，容易陷入局部最优，效果有时并不理想。如果一次性调整多个变量的值，就能大幅提升优化效果，但同时也需要面对多变量间耦合的情况，因此仿生算法应运而生。

（1）梯度下降法

梯度下降法是一个一阶的最优算法，也被称为最速下降法，它要求目标函数可导。用梯度下降法求解极小值最优化问题时，从当前点（初始值）开始，沿着函数上对应梯度的反方向按照设定的步长进行迭代搜索。同理，求解极大值最优化问题时，沿着梯度的方向进行迭代搜索。

（2）模式搜索算法

在实际的优化问题中，许多函数是不可求导的，因此梯度法就不再适用。而胡克—捷夫算法的出现很好地解决了这一问题。它最早由 Hooke 和 Jeeves 提出，是一种原始的模式搜索算法，无需获取函数的导数，而是通过目标函数值的下降方向来模拟梯度下降的过程，被广泛应用于目标函数无法求导的复杂问题。胡克—捷夫算法寻优精确度高，收敛速度较快，但是初始值会对最终的结果产生较大的影响，且无法很好地应对离散变量的优化问题。

模式搜索算法的思想与梯度类似，都是通过寻找目标函数变化的方向来找到其极值点。针对一个多维优化变量的问题，模式搜索算法沿着一个基寻找函数变小的方向，若没有找到则切换到下一个基，直至遍历所有基方向后重新调整初始点以及搜寻步长，直至算法收敛。

（3）下山单纯形法

下山单纯形法又称为 Nelder – Mead 单纯形法，是一种无导数优化算法，它根据设定的优化变量个数 n 与初始条件 x_1，在 n 维空间中生成 n 个点 $x_2 \cdots x_{N+1}$，构造出一个 n 维单纯形，其每一个顶点都代表一组优化变量值，并能得到对应的适应度函数值。将各顶点函数值从小到大排序，并计算除最大函数值点外的 n 个顶点的平均位置。之后，主要通过反射操作、扩张操作及紧缩操作交替进行来减小顶点的适应度函数值。

反射操作是将单纯形顶点中适应度函数值最大的点，朝着目标函数值较小的点移动，在保证单纯形的形状不发生变化的同时减小其体积。如果反射点取得了较好的效果，紧跟着的就是扩张操作，在反射点方向上进行进一步寻优，通常能进一步改善顶点的目标函数值；如果扩展操作未改善，则对所有顶点再进行排序，换个方向进行反射。当反射操作无法降低顶点函数值时，各个顶点将沿着各自的方向进行紧缩操作，整个单纯形缩小到极值点附近。

（4）粒子群优化算法

粒子群优化算法：是一种模拟鸟群捕食的仿生算法，其本质为一群粒子通过个体与种群的最佳值来调整优化方向，并且在此基础上通过局部的随机搜索获得最优解。最早由 Kennedy 和 Eberhart 提出，被广泛应用于多变量优化、神经网络超参调整等领域。粒子群优化算法具备较强的全局搜索性，同时对优化问题本身要求低，但是收敛速度较慢，且没有很好地利用优化问题特性。

3. 混合优化算法设计

使用单一的智能优化算法常常会存在一定的局限性，因为在智能优化算法寻优过程中，全局搜索能力、寻优速度以及局部收敛能力等要素无法兼顾。传统的寻优算法，例如共轭梯度法、模式搜索法等全局搜索能力差，无法处理维度过高的问题；先进的仿生算法，例如粒子群优化算法，蚁群算法等则计算量大，收敛速度慢。这时候可以将多种智能优化算法结合起来形成混合智能寻优算法，合理地利用各自优点，达到加快收敛、精确寻优的目的。

在冷源系统的优化问题中，可通过以下几个特点来选取优化算法。

① 冷源系统共有冷水机组设定出水温度、冷冻水设定温差、冷却水设定温差以及冷却塔设定出水温度这四个类型的连续优化变量，随着启动的单元数增加，优化变量个数成倍数增加，可能的变量组合类型繁多，需要进行大范围的寻优。

② 冷源系统优化的目标函数适应度为系统总能耗，由各设备能耗累加得到，同时各设备的能耗模型是机理模型与数据驱动部分的结合，无法获取其具体的数学表达式，因此牛顿法、共轭梯度法等需要目标函数梯度的优化算法无法应用。

③ 整个冷源系统具有大滞后的特性，单独使用先进的仿生算法会导致优化时间过长，从而使控制滞后；而传统的模式搜索算法与下山单纯形法普遍收敛速度快，且其收敛速度与最终的优化效果与优化变量的初始值有关。

综合上述分析，应用于冷源系统的优化算法需要具备大范围搜索能力、无导数优化能力以及较快的收敛速度，单一的优化算法无法同时满足这几个要求，因此考虑使用混合优化算法来兼顾以上需求。

在前文分析的优化算法中，粒子群优化算法具备较强的全局搜索能力，其寻优效果与初始值的设置关系不大，收敛速度较慢；而下山单纯形法则是从一个点出发进行寻优，由于其搜索范围较小，容易陷入局部最优，不同的初始值会对其收敛速度以及最终的优化效果产生影响。

第四章　双碳目标下网络数字化技术在新能源汽车中的应用

第一节　新能源汽车对全球汽车工业变革的引领概述

一、新能源汽车：科技驱动的新工业时代

（一）智能网联时代的来临

我国新能源汽车产业开始于 2012 年，到 2020 年新能源汽车的销量在汽车总销量中的占比增长至 5%。根据国家发展规划，到 2025 年，我国新能源汽车销量占比将达到 20%，也就是说，2021—2025 年，新能源汽车渗透率的复合增长速度将达到 32%，这也标志着我国新能源汽车行业将从萌芽期迈向成长期。

为推动新能源汽车产业更好地发展，国务院办公厅于 2020 年 11 月 2 日发布了《新能源汽车产业发展规划（2021—2035 年）》（以下简称《规划》），从多个维度对新能源汽车未来 15 年的发展做出了规划，包括网联化智能化发展方向、新能源汽车渗透率以及公共领域电动化等。《规划》强调，到 2025

年，我国新能源汽车新车销售量在汽车新车销售总量中的占比将达到 20%；到 2035 年，纯电动汽车销量在新车总销量中的占比将达到 50%。

据此可以推算，2025 年，我国新能源汽车销量大约为 600 万辆；2035 年，我国新能源汽车销量大约为 1750 万辆。2021—2025 年，我国新能源汽车的年均复合增长率预计为 34.42%；2026—2035 年，我国新能源汽车的年均复合增长率可能达到 11.3%。

1. 新能源汽车的概念与主要类型

新能源汽车指的是用非常规的车用燃料作为动力来源，或者使用常规的车用燃料，但采用新型车载动力装置，利用先进的动力控制技术和驱动技术，拥有新技术、新结构的一种汽车。其中，非常规车用燃料指的是天然气、液化石油气、乙醇汽油、甲醇、二甲醚等除汽油、柴油之外的燃料。具体来看，新能源汽车主要包括纯电动汽车、混合动力汽车、燃料电池汽车三种类型。

（1）纯电动汽车

纯电动汽车的结构比较简单，由电池供电，电机驱动。

（2）混合动力汽车

别名油电混动汽车，仍以汽车为燃料，无法充电，采用发动机和电动机协同驱动的方式，以丰田 THS、本田 IMMD 和日产 e－POWER 等车型为代表。

（3）燃料电池汽车

一般指氢燃料电池车，氢气与氧气在燃料电池堆发生化学反应释放电能，但因为燃料电池堆的输出功率相对较低，应用于汽车需要配备一块锂电池，二者相互配合进行充放电。

在新一轮科技革命与产业变革的带动下，能源、交通、信息通信等领域的新兴技术在汽车行业深入应用，促使整个行业呈现出电动化、智能化、网联化的发展趋势。新能源汽车集成了很多先进技术，包括新能源、新材料和互联网、大数据、人工智能等，功能越发多元化，不再只是单纯的交通工具，逐渐拥有移动智能终端、储能单元、数字空间等多种身份，带动能源、交通、信息通信基础设施改造升级，促进能源消费结构优化，提高整个交通体系的智能化水平。

《规划》明确提出要推动汽车实现电动化、网联化、智能化发展，尤其是网联化、智能化，强调赋予新能源汽车更多功能，推动新能源汽车“从单纯交通工具向移动智能终端、储能单元和数字空间转变”。

2. 智能网联汽车时代的来临

现阶段，智能网联汽车的发展刚刚起步，自动驾驶技术只能在换道辅助、全自动泊车、抬头显示、远程控制等特定场景中应用。按照《规划》内容，从 2025 年开始，智能网联汽车将进入快速发展阶段，届时，自动驾驶的应用场景将不断拓展，高速公路自动驾驶、协同式队列行驶的自动驾驶、车群自组网通信、车车社交等有望成为现实。2035 年之后，智能网联汽车将进入成熟期，真正实现车路协同。

在智能网联汽车的整个发展过程中，要解决几个核心技术难题，包括自动驾驶的芯片、自动驾驶软件 L5 研发升级、高精地图、5G 通信协议等。

传统燃油车的结构是机械与液压相结合，电动汽车的结构更简单，核心部件是由动力电池组、电机和发动机管理系统组成的三电系统。电力控制的电机只需要简单改造就可以与电子控制单元相结合，满足自动驾驶技术控制车辆的要求。但纯机械结构的发电机很难被人工智能控制，可靠性、精准度、响应速度都无法满足自动驾驶要求。

为了解决这一问题，研发人员需要研制一款新的操控装置，其复杂程度远远高于电动汽车。另外，对于燃油车来说，发动机和变速箱等动力总成结构是其成本的主要来源；对于新能源汽车来说，三电系统电控电驱电池是其成本的主要来源。两相比较，新能源汽车的成本更容易控制。

（二）政策红利下的汽车革命

到 2025 年，我国新能源汽车将在动力电池、驱动电机、车用操作系统等关键技术领域取得重大突破，全面提高车辆的安全水平，提高行业竞争力。具体到各项数据，即纯电动汽车的平均耗电量将降至 12.0 千瓦时/百公里，新能源汽车销量在汽车总销量中的占比将提高到20%左右，高等级的自动驾驶可以在特定的场景或区域实现，充电桩覆盖率大幅提升，人们可以享受到更加方便的充换电服务。

新能源汽车的渗透率达到20%，意味着整个行业从萌芽期进入成长期。根据中国汽车工业协会发布的数据，2019年我国新能源汽车产量及销量占比分别为4.9%和4.8%，2020年受新冠肺炎疫情及补贴政策变化的影响，新能源汽车的产销量出现了小幅度下降。根据中国汽车工程学会发布的《节能与新能源汽车技术路线图2.0》，到2030年，我国新能源汽车销量占比将达到30%~40%；到2035年，我国新能源汽车销量占比将超过50%。这意味着2021—2025年，我国新能源汽车渗透率将以32%的速度增长。如果能达到这一目标，就表示新能源汽车的发展从萌芽期进入成长期。

新能源汽车补充能源问题将得以解决，补能将变得更加便利。从2019年下半年开始，我国取消了很多对新能源汽车的补贴政策，导致新能源汽车的销量下降，整车销售价格偏高，再加上充电效率较低，自由停车位不足，电网配合扩容难度较大等因素，导致充电桩建设进度缓慢，无法解决纯电动汽车充电难题。针对这一问题，《规划》提出了“充换电服务便利性显著提高”这一目标，为新能源汽车补能体系建设指明了方向。

政府关于新能源汽车的税收优惠政策要尽快落地，同时要不断完善金融服务，为消费者购车提供支持。为了满足新能源汽车的充电需求，政府要加快充换电、加氢等基础设施布局，积极推进公共充电桩建设，建立统一开放的市场体系，加大对公共服务、共享出行等领域车辆运营的支持力度，围绕新能源汽车的停车、充电出台更多优惠政策。

《规划》明确提出：2021年起，在国家生态文明试验区、大气污染防治重点区域，如果要更换或者新增公交车、出租车、物流配送车辆等，新能源汽车的占比不能低于80%。为了鼓励国有企业大力发展新能源汽车，《规划》针对“如何将新能源汽车研发投入纳入国有企业考核体系”制定了具体办法，不断完善适用于智能网联汽车的政策法规，围绕“动力电池的回收与利用”

出台了更多法律法规。

《规划》不断加大对公共服务、共享出行等领域车辆运营的支持力度，为新能源汽车停车、充电提供更多优惠，并延续《打赢蓝天保卫战三年行动计划》中的目标，规定“2021 年起重点区域公共领域新能源汽车目标使用比例不低于 80%”，为公共领域的电动化提供更多支持。

通过车电分离推动运营电动化。车电分离体系主要包括三部分，分别是整车、换电站和电池资产管理。车电分离体系的搭建需要产业链上的不同公司合作完成，例如，宁德时代与蔚来合作致力于电池资产管理，奥动新能源与北汽合作深耕换电市场。目前，车电分离体系主要分为两部分，一是车企，二是独立运营商，新兴车企主要在私家车领域深耕，北汽蓝谷和吉利汽车等独立运营商主要专注于运营市场，对运营市场电动化产生了强有力的推动作用。

（三）新能源汽车对比传统燃油车

下面我们从碳排放、其他污染物排放、续航里程、加油/充电时间、购车成本、使用成本、安全性、政策支持力度等八个维度对燃油车和不同类型的新能源汽车进行对比分析。

1. 碳排放

纯电动车以电能为动力，燃料电池车以氢气为燃料，碳排放可以忽略不计；插电式混合动力车和增程式电动车采用电能与汽油混动，碳排放量居中；传统燃油车和 LNG（压缩天然气）/CNG（液化天然气）车以汽油与天然气为燃料，碳排放量较大；混合动力车以汽油为燃料，但相较于传统燃油车来说，汽油用量相对较少，碳排放量相对较低。

2. 其他污染物排放

传统燃油车和混合动力车使用汽油、柴油，会排放二氧化碳、一氧化碳、碳氢化合物、氮氧化物、硫氧化物、铅化合物等有害气体；插电式混合动力车和增程式电动车使用电能与汽油或柴油混动，排放的污染物中等；LNG/

CNG 车以天然气为燃料，燃烧后只排放一氧化碳；纯电动车和燃料电池车除二氧化碳外不排放其他污染物。

3. 续航里程

传统燃油车加满油后的行驶里程为 500 ~ 1000 公里，因为沿途加油站比较多，在油箱发出警报后能够轻易找到加油站，续航问题比较小；插电式混合动力车在纯电模式下的行驶里程为 50 ~ 120 公里，燃油模式下的续航里程与燃油车相似；燃料电池车加满燃料后的行驶里程大约为 1000 公里，但加氢站数量稀少，在行驶过程中不方便加注氢燃料；纯电动车充满电后的行驶里程为 400 ~ 600 公里，但受行驶条件限制，实际行驶里程往往要小于这个数字。

4. 加油/充电时间

传统燃油车和燃料电池车的加油时间只需要数分钟，纯电动车充电至少需要 1 小时，甚至长达十几个小时。

5. 购车成本

纯电动车补贴后的价格大约为 20 万元，至于燃料电池车，全球首款氢燃料电池车——丰田 Mirai 的售价大约为 46 万元。

6. 使用成本

在燃料费用方面，纯电动车每公里大约需要 0.075 元，燃料电池车与传统燃油车每公里大约需要 0.6 元；在维护成本方面，纯电动车无须配备离合器、变速箱等复杂传动机构，维护成本较低，燃料电池车配备的燃料电池堆造价高昂，需要使用铂金作为催化剂，维护成本较高。

7. 安全性

传统燃油车的技术比较成熟，自燃事故发生率较低；纯电动车中三元锂电池热失控温度较低，容易发生自燃事故，磷酸铁锂电池热失控温度较高，相对比较安全；燃料电池车以氢气为燃料，虽然采取了多种措施防止储气罐爆炸，但氢逃逸问题依然无法解决，因此燃料电池车不适合在室内停车场停放，至于能否进入隧道，还有待研究讨论。

8. 政策支持力度

为了实现节能减排，政府不断提高传统燃油车的排放标准，甚至有部分省份出台了禁售传统燃油车的政策。而在新能源汽车领域，政府为纯电动车、燃料电池车发放补贴。

综上所述，纯电动车和燃料电池车各有优势与劣势。纯电动车的优势在于实现了二氧化碳零排放，而且结构简单，维护方便，使用成本较低；劣势在于续航里程短，充电时间长，驾驶体验不佳。另外，目前电动车使用的三元锂电池单体电池的能量密度达 302Wh/kg，系统能量密度突破 200Wh/kg，接近液态电池能量密度的极限，进一步提高会增加车辆自燃的风险。

燃料电池车的优点在于零污染、续航里程长、加注燃料的时间短，缺点在于相关技术不成熟，单车售价相对较高，加氢站建设成本高，国内加氢站数量较少，在行驶过程中不方便补充燃料，并且氢逃逸问题目前无法解决，存在燃爆风险，所以无法在室内停车场停放。

纯电动车和燃料电池车的优缺点在很大程度上决定了其未来的应用场景。纯电动车适合市内短途通勤，燃料电池车适合线路固定的长途运输。因此，纯电动车和燃料电池车不存在直接的竞争关系，未来，二者可能在新能源汽车市场上共同占据主导地位。

（四）新能源汽车的三大核心技术

新能源汽车有三大核心技术，分别是整车控制器（Vehicle Control Unit，VCU）、电机控制器（Moter Control Unit，MCU）、电池管理系统（Battery Management System，BMS），对整个车辆的动力性、经济性、安全性、可靠性有着至关重要的影响。

1. 整车控制器（VCU）

作为整车控制决策的核心电子控制单元，VCU 是新能源汽车的必备装置。VCU 通过对油门踏板、挡位、刹车踏板等信号进行采集分析，对驾驶员的驾驶意图进行判断，对车辆的行驶信息进行监测，在对信息进行处理后，向车辆的动力系统、动力电池系统发出指令，对车辆的运行状态进行控制。具体来看，VCU 有两大功能，一是整车系统故障诊断，二是存储功能。

VCU 主要由外壳、硬件电路、底层软件和应用层软件组成，硬件电路、底层软件和应用层软件发挥着重要作用。

随着汽车级处理器技术不断发展，VCU 芯片逐渐从 16 位向 32 位过渡，32 位芯片逐渐成为主流。底层软件以 AUTOSAR 汽车软件开放式系统架构为标准，达到电子控制单元开发公共平台的目标，可以为新能源汽车提供不同的控制系统。模块化软件组件的主要目标是实现软件复用，可以提高软件质量，缩短软件的开发周期。在应用层，驾驶员转矩解析、换挡规律、模式切换、转矩分配和故障诊断策略是关键，会直接影响汽车的动力、运行的稳定性以及使用的经济性。

2. 电池管理系统（BMS）

电池包为新能源汽车提供源源不断的能量，驱动车辆行驶。电池包主体主要由金属材质的壳体包络构成，模块化的结构设计可以实现电芯集成，过热管理设计与仿真可以提高电池包热管理性能，电器部件及线束支持控制系统可以保障电池安全。BMS 可以对电芯进行有效管理，开展整车通信，实现信息交换。

电池包主要由电芯、模块、电气系统、热管理系统、箱体和 BMS 组成，其中 BMS 的主要功能是提高电池的利用率，防止电池出现过度充放电现象，延长电池的使用寿命，对电池的运行状态进行实时监控。

在电池包的各个组成部件中，BMS 属于核心零部件，由三大核心部分组成，分别是硬件电路、底层软件和应用层软件。其中，硬件电路主要由主板和从板组成，从板安装在模组内部，可以用来对单体电压、电流进行检测，使电压、电流达到均衡；主板的安装位置不限，主要用来对继电器进行控制，预测荷电状态值，实现电气伤害保护。

BMU（电池管理单元）硬件可以对电池的电压、温度进行测量，而且可以借助可靠性较高的数据传输通道向电池组控制单元（Battery Control Unit，BCU）模块传输数据与指令。BCU 可以使用32 位微处理器采集总电压，开展绝缘检测与状态监测，实现继电器驱动。

底层软件架构要符合 AUTOSAR 标准，通过模块化开发实现移植与扩展，促使开发效率不断提高。应用层软件主要由电池保护、电气伤害保护、故障诊断管理、热管理、继电器控制、从板控制、均衡控制、荷电状态（State of Charge，SOC）估计和通信管理等模块构成。

3. 电机控制器（MCU）

MCU 是核心功率电子单元，可以接收 VCU 车辆行驶控制指令，对电动机进行控制，让电动机输出指定的扭矩和转速，为车辆行驶提供源源不断的动力。MCU 还可以将电池的直流电转化为高压交流电，驱动电机输出机械能。

MCU 主要包括外壳及冷却系统、功率电子单元、控制电路、底层软件和控制算法软件。

MCU 硬件电路采用的是模块化、平台化设计，功率驱动部分采用的是多重诊断保护功能电路设计，功率回路部分采用的是汽车级 IGBT 模块并联技术、定制母线电容和集成母排设计，结构部分采用的是高防护等级、集成一体化液冷设计。

MCU 底层软件以 AUTOSAR 开放式系统架构为标准，按照功能设计可以分为状态控制、矢量算法、需求转矩计算和诊断四个模块，其中矢量算法模块可以分为两部分，一是 MTPA（最大转矩电流比）控制，二是弱磁控制。

（五）5G、自动驾驶与新能源汽车

目前，按照美国汽车工程师学会（Society of Automotive Engineers，SAE）的划分方法，自动驾驶可以分为 L0 ~ L5 六个等级，其中 L0 代表人类驾驶，L1 ~ L5 代表自动驾驶的不同成熟度，具体分析如下。

L0 级别：完全由驾驶员操作，汽车按照驾驶员的命令执行各种操作。

L1 级别：可以辅助驾驶员执行各种驾驶任务。例如，很多车辆配置了自

适应巡航系统、雷达等，可以辅助驾驶员控制车距，执行加减速等操作。

L2 级别：可以自动完成一些驾驶任务，调整车辆行驶状态。例如，特斯拉不仅可以控制车辆加减速，而且可以控制方向盘。但在这个过程中，驾驶员需要观察周围的环境，随时进行操作，保证车辆安全。

L3 级别：可以利用行车电脑控制车辆，支持车辆在特定的环境中独立驾驶，将驾驶人员的手脚解放出来，但驾驶人员不能休息或者睡觉。因为在行车电脑无法做出准确判断时，驾驶人员需要主动干预。

L4 级别：车辆可以自主决策，根据实时更新的道路信息实现自动取车还车、自动编队巡航、自动避障等，无须驾驶人员干涉。

L5 级别：L5 级别的车辆可以做到完全自动驾驶，游刃有余地应对气候、环境、地理位置的变化，不需要驾驶人员做出任何干预，将驾驶人员彻底解放出来。

在 SAE 的分级体系中，L0 ~ L2 为低等级的自动驾驶，L3 ~ L5 是高等级的自动驾驶。想要实现从 L2 到 L3 的跨越，关键就是要让系统取代驾驶员成为环境监控主体。高级自动驾驶有一个很重要的标志，就是自动驾驶系统能够自主探查并分析周围的环境状况，连续不断地获取周围的环境信息，并根据收集到的信息对驾驶环境的安全性进行判定。

因此，虽然自动驾驶汽车搭载的系统具备夜视、交通识别等功能，但无法作为环境监控主体。为了向 L3 迈进，L2 自动驾驶系统需要在摄像头与雷达外添加高精度地图作为辅助。只有高精度地图、高精度雷达与智能摄像头相结合，三者互为补益，才能实现全场景超强感知，在极端环境下也能很好地对环境进行监控。

目前，市场上还没有出现 L3 级别的自动驾驶汽车，除了技术限制外，还有交通法规的限制。按照我国自动驾驶汽车发展的相关规划，到 2025 年，我国要实现 L3 级别的自动驾驶汽车的普及，L4 级别自动驾驶汽车的规模化应用。这表示，继 2021 年开放 L3 级别自动驾驶的路权之后，我国将在 2025 年开放 L4 级别自动驾驶的路权。或许到 2030 年，L5 级别的自动驾驶汽车就可以实现广泛应用。

随着信息技术不断发展，进入5G网络时代之后，信息传播速度大幅提升，将对生产、生活产生巨大的颠覆。自2019年发放5G牌照起，我国就进入了5G大规模商用阶段，开始向各行各业渗透。除推动通信技术变革外，5G技术的渗透应用将给新能源汽车产业带来重大影响，这种影响主要表现在以下三个方面。

1. 无人驾驶

进入5G时代之后，数据传输速度更快，精准度更高，可以帮助无人驾驶汽车在行驶过程中对复杂的路况做出准确判断，从而实现高级别的自动驾驶。过去，为了实现无人驾驶，研发人员主要聚焦两个问题，一是传感器的应用，二是外部信息的采集，但这两个问题的解决只能帮助车辆在一定范围内了解路况，而且要面临采集延时、信息精准度不高等问题。但在5G技术的支持下，研发人员可以建立一个完整的监控体系，提高汽车面对危险情况时的响应速度，利用大数据技术为汽车安全运行提供强有力的保障。

2. 车联网系统将变得更加完善，车载导航也将变得更加精准

随着5G技术在新能源汽车行业的深入应用，车联网系统将变得更加完善，车载导航也将变得更加精准。国家智能网联汽车质量监督检验中心曾开展过一系列5G高精度定位实验，结果表明在5G网络环境中，汽车导航定位的精准度可以达到1.5厘米左右，超乎想象。

3. 人们可以享受到更加便捷的物联网服务

在5G网络环境下，人们可以享受到更加便捷的物联网服务，包括手机与汽车互联、汽车与家互联等。在物联网的支持下，汽车智能化、自动化的级别将不断升高，驾乘人员可以听音乐、上网、查找信息，甚至还能对车辆进行远程控制。

当然，5G给新能源汽车行业带来的影响还有很多。虽然目前5G技术还没有实现大规模商用，但它为新能源汽车的发展提供了新思路、新选择。

二、“双碳”目标：国家战略下的新能源革命

（一）“双碳”目标下的新能源汽车

根据国家能源局发布的最新数据，截至2021年10月底，我国可再生能源发电累计装机容量达到了10.02亿千瓦，占全国发电总装机容量的比重达到43.5%，比2015年底提高10.2个百分点。水电、风电、太阳能发电和生物质发电装机容量分别达到3.85亿千瓦、2.99亿千瓦、2.82亿千瓦和3534万千瓦，均稳居世界第一。如此大规模的装机量建立在巨额投资之上。据统计，2010年至今，中国在新能源发电领域的投资总和已经超过了8180亿美元，在同期全球新能源发电领域的投资占比超过了30%。

为了如期完成碳达峰、碳中和目标，中国必须多管齐下，减少煤炭、石油等化石能源的使用，提高能源利用率，大力发展太阳能、风能等清洁能源，大规模植树造林。相较于已经结束化石能源大规模使用阶段的欧美发达国家来说，煤炭、石油在我国能源结构中占比较大，我国碳排放量也高居世界第一。因此，对我国来说，如期实现碳达峰、碳中和是一项艰巨任务。在众多产业中，新能源汽车的推广应用将对碳中和的实现产生重要作用。

新能源汽车产业的发展可以带动整个产业链进步，实现节能减排，对碳中和、碳达峰的实现产生积极的推动作用。为实现“双碳”目标，国内多家汽车集团发布了政策文件。

2021年4月，在第十九届上海国际汽车工业展览会上，广汽集团面向双碳目标发布了“GLASS绿净计划”。2021年11月19日，在第十九届广州国际汽车展览会上，广汽集团发布了多款新车型，这些车型紧扣碳达峰、碳中和目标。

2021年11月8日，吉利集团旗下的新能源商用车品牌远程汽车发布“1233”战略，致力于“重构产业生态，创领零碳陆运”，这一战略的发布标志着吉利汽车开始同时推行乘用车新能源化与商用车新能源化。在发布

"1233"战略的同时，远程汽车推出了新一代新能源智能豪华重卡——远程星瀚H，表示要从底层逻辑切入重新定义商用车，将智慧运力平台和绿色能源补给网串联在一起，为"零碳陆运"的实现提供强有力的支撑。

此外，大众汽车、上汽集团、江淮汽车也开始积极布局新能源汽车。随着国家关于碳减排政策的不断发布，在汽车企业的努力下，新能源汽车的渗透率将大幅提升，将推动绿色低碳技术与智能新技术广泛应用，推动新能源汽车产业实现高质量发展，满足企业生产需求，实现低碳减排目标。

目前，从全球视角来看，我国可再生能源开发利用规模连续多年保持在第一位，为能源低碳转型，能源消费结构低碳化、清洁化提供了强有力的支持，对低碳交通运输体系建设产生了积极的推动作用，为节能低碳型交通工具的推广应用奠定了强有力的基础。

此外，随着各项技术不断发展，未来汽车有可能演变为一种智能终端，实现更高级别的自动驾驶，通过不断丰富的人机交互功能满足车主及乘客的个性化需求。5G网络技术以及车用无线通信技术可以让车辆与车辆、车辆与城市基础设施、车辆与云端交互，为智慧城市建设奠定良好的基础。

（二）抢占未来全球战略制高点

根据可持续发展战略以及碳中和发展战略，传统燃油汽车必将被新能源汽车所取代。近几年，中国、美国、日本、德国、英国、法国等国家都在新能源汽车领域积极布局，促使新能源汽车的发展取得了一定的成果。

石油被称为"工业的血液"，是燃油汽车最主要的燃料来源，储量有限，而且不可再生。根据英国石油公司（BP）发布的2020年版《世界能源统计年鉴》，截至2019年底，全球石油探明资源储量为17339亿桶，2446亿吨。根据美国《油气杂志》公布的数据，2020年全球石油储量较2019年上升2.6%，为17790亿桶。

2013年，全球原油消耗量为235亿桶，如果换算为日消耗量就是6500万桶。2015年，原油的消耗量比探明储量高出了70%以上，2019年达到了

80%。2016年，原油新增探明储量只有42亿桶，达到了1947年以来的最低值。2019年常规石油探明储量为47亿桶，只比2016年高出5亿桶。2013—2019年，年均原油新增探明储量只有60亿桶。

假设，未来年均原油新增探明储量保持在60亿桶，年均消耗量保持在235亿桶，地球现有的石油资源只能维持不到100年。鉴于此，近年来，世界各国都在设法寻找石油的替代资源，减少石油消耗。在国内现有的石油提取方式下，可以利用1吨原油提炼出0.695吨成品油，包括0.283吨汽油、0.335吨柴油和0.077吨煤油。也就是说，在1吨原油中，大约70%都会用于成品油燃料的生产。如果大力发展新能源汽车，减少传统燃油汽车的数量，就可以大幅减少成品油消耗，进而减少原油消耗。

1. 新能源汽车是实现“碳中和”和“碳达峰”的重要抓手

假设一辆排量为1.6L的轿车一年行驶1万公里，按照汽油使用量1000升来计算，每年的碳排放大约为2.7吨。1亩人工林1年大约可以吸收1.83吨二氧化碳，如果要抵消这2.7吨二氧化碳，需要1.5亩人工林。

在我国的碳排放结构中，汽车行业的碳排放占比大约为16%。纯电动汽车依靠电力驱动。石油属于一次能源，电力属于二次能源。虽然目前我国的电力依然以煤电为主，但随着相关技术的不断进步，风能、太阳能等清洁可再生能源发电将成为主流，可以大大减少碳排放。即便我国的电力结构不变，依然是70%的火电，纯电动汽车产生的碳排放也要比燃油车少很多。

截至2020年底，我国新能源汽车保有量达到了492万辆，相较于2019年增加了111万辆，增长率达到了29.18%。其中，纯电动汽车保有量400万辆，在新能源汽车总量中的占比大约为81.32%。假设到2030年，纯电动汽车的保有量在所有汽车保有量中的占比达到10%，就能使整个汽车行业的碳排放减少9%，进而使我国整体的碳排放减少1.5%。

2. 大力发展新能源汽车有利于国家能源安全

在我国的能源结构中，煤炭储量最大，石油储量居中，天然气储量最少。随着经济快速发展，国内的石油开发量已经无法满足需求，开始大量进口原油。根据海关总署公布的数据，2019 年中国进口原油 5.06 亿吨；2020 年进口原油 5.4 亿吨，同比增长 7.3%，创历史新高。

为了保障能源安全，我国搭建了多条能源通道，包括中俄东北油气进口通道、中哈西北油气进口通道、中伊西南油气进口通道以及海上油气进口通道。尽管能源通道不断增加，我国的能源安全始终无法得到充分保障。

未来，随着新能源汽车逐渐取代燃油汽车，我国的原油需求量将大幅下降，可以为我国的能源安全多增加一重保障。

3. 有利于中国汽车工业实现对欧美日传统汽车强国的超越

在传统燃油车领域，英国、美国、德国、日本等国家掌握了先进技术，无论国产车在外观、内饰、配置、做工用料等方面付出多大的努力，都难以与这些国家生产的车辆竞争，根本原因在于汽车的驾驶性能不佳，无法带给消费者更好的驾驶体验。一直以来，人们都认为国产车与进口车的差距在于发动机技术落后，但经过多年的努力我们已经将发动机技术差距缩至很小，真正的差距在于变速箱。而电动车不需要变速箱，由此，制约国产车发展的硬性问题迎刃而解，国产车可能迎来难得一遇的弯道超车的机会。也就是说，进入电动车时代后，全世界的汽车厂商站在了同一条起跑线，需要重新调校电动机、优化电控，用电动机辅助内燃机。在这个过程中，我国汽车厂商有可能超越百年老牌车企，开创一个属于国产车的时代。

（三）节能与新能源汽车产业的发展

纵观人类社会的发展史，第一次工业革命和第二次工业革命都是由能源的改变引发的。现阶段，电动汽车的崛起将掀起新一轮传统燃油汽车革命，而且这场革命将延伸至各行各业，引发一场大范围的经济革命。新能源汽车产业连接着很多行业，包括能源、交通、互联网、通信信息、计算机等。在这些行业中，新能源行业与新能源汽车行业具有天然的适配性。

通过大力发展新能源汽车，我国可以解决三大问题：第一，可以降低石油的对外依存度；第二，可以减少污染物排放，解决空气污染问题；第三，实现技术超越，在全球新能源汽车行业占据领先地位。

在上述三个任务目标中，前两项都与能源有关。我国新能源汽车的发展选择的是一条纯电驱动技术路线。但随着电动汽车市场快速发展，人们开始质疑纯电动汽车是否真的能够做到零排放。因为在目前的电力结构中，煤电占比依然很大。虽然纯电动汽车在行驶过程中不会排放污染物，但煤炭发电过程中会产生碳排放。从严格意义上来讲，这属于污染物的转移排放。同时，新能源的发展也遇到了一些问题，主要是风电、光电的波动性问题无法解决，导致其无法大规模上网、输送、交易。

为了解决这些问题，新能源产业、新能源汽车产业都要努力。一方面，汽车产业要发展动力电池的能量比，不断降低车身重量以及电机的能量损耗，提高能源利用率；另一方面，能源产业要致力于技术研发与突破，降低电网波动性，全面推进智能电网建设，降低风电、光电上网成本。但目前的实际情况是，两个产业彼此独立，无法相互融合，共同发展。

由于我国风电、光电等可再生能源产业集中在中西部经济欠发达地区，而新能源汽车用户主要集中在东部经济发达地区，加之物理空间的距离，清洁的风电、光电无法供给电动汽车使用，导致天然气具有买卖关系的双方无法开展交易。

为了实现2030年中国风电、太阳能发电总装机量超过12亿千瓦的目标，未来十年，我国风电、太阳能发电的年均装机量要达到7400万千瓦。按照国家能源局的规划，2021年，我国风电、太阳能发电合计新增装机量要达到12000万千瓦。

根据中国汽车工程学会发布的《节能与新能源汽车技术路线图2.0》，2025年，新能源汽车在汽车市场中的占比要超过50%，燃料电池汽车保有量要达到100万辆，节能汽车全面实现混合动力化，汽车产业实现电动化。如果我国能够如期完成这一目标，到2035年，我国新能源汽车保有量将达到8000万~1亿辆，燃料电池汽车将超过100万辆。

新能源产业与新能源汽车产业的兴起，为我国调整能源结构——从以化石能源为主导转向以可再生能源为主导，实现碳减排创造了良好的条件。在上游，光电、风电等可再生能源快速发展；下游，新能源汽车可以大幅度消纳可再生能源，从而形成一个良性循环。未来，可再生能源、新能源汽车将成为两大支柱产业，为国民经济发展、国家发展贡献力量。

（四）氢燃料电池车的发展路径

氢能是氢气和氧气反应产生的能量。氢能是氢的化学能，主要以化合态的形式出现，在宇宙中分布范围极广，占比达到了 75%，属于可再生的二次能源。氢能源是一种真正意义上的清洁能源，因为氢燃烧只产生水，真正做到了零污染，被称为“21 世纪最具发展前景的、最理想的清洁二次能源”，有着“终极能源”之称。

在“双碳”目标下，为了减少汽车行业的碳排放，相关企业与机构开始研发氢能燃料电池，以期借此让车辆在运行过程中实现“零排放”，在整个生命周期实现“低排放”，在未来汽车产业的技术竞争中占据领先优势。

1. 氢能：新能源汽车的终极方案

氢能虽然没有像电能一样实现大规模应用，但相较于已知的煤炭、石油、天然气等能源来说，氢能有很多独有的特点。

（1）来源广泛

氢能制取方式非常多，可以通过对煤炭、石油、天然气等传统化石能源进行低碳化制取，也可以通过风能、光能、水能等可再生能源制备，对化石能源进行清洁利用，扩大清洁能源的利用范围。

（2）燃烧热值高

氢能的燃烧热值非常高，是液化石油气燃烧热值的 2.5 倍，是汽油燃烧热值的 3 倍。

（3）清洁无污染

氢能无色、无味、无毒，燃烧的产物只有水，对水进行电解又可以产生氢，实现循环使用。

（4）利用形式多

氢能燃烧可以产生热能，应用于热力发动机产生机械功，又可以作为能源材料用于燃料电池产生电能，驱动燃料电池车、分布式发电设施，还可以转化为固态氢，作为结构材料投入使用。

2. 全球各国氢燃料电池产业的发展

在氢能利用方面，氢能燃料电池可以使氢能利用效率实现最大化，推动氢能实现普及应用。近年来，在相关企业与机构的努力下，氢能燃料电池技术取得了重大突破，进入商业化应用阶段。

近年来，中国、美国、日本、德国等国家都发布了氢能及燃料电池发展战略路线图，一些国家还将氢能开发利用确定为国家战略，将氢能纳入国家能源体系。例如，为了发展氢能，日本政府发布了很多激励政策，刺激相关企业与机构积极研发氢能利用技术，在氢燃料电池领域取得1500多项专利。欧美等发达国家致力于氢燃料电池汽车开发，积极筹建加氢站，取得了一系列显著成就。2017年，宝马、奔驰、通用等企业推出多款氢燃料电池汽车，带领氢燃料电池进入大规模商业化应用阶段。

我国政府从2011年开始围绕氢能产业的发展颁发了一系列政策，涵盖了产业结构、科技、财政、战略等方面，目的在于推动氢燃料电池及氢能相关产业实现快步发展。相较于纯电池汽车来说，氢燃料电池汽车的续航里程更长，燃料补充所耗时间更短。目前，在相关企业与机构的努力下，我国的氢能利用已经进入小规模商业化推广阶段。随着氢燃料电池汽车的产销规模过万辆，我国氢能产业的发展将进入爆发阶段。

我国在新能源汽车研发与应用领域积累了丰富的经验，这些经验为氢燃料电池汽车的研发与利用奠定了良好的基础。随着制氢、储氢、输氢工业的快速发展，氢燃料电池汽车行业也将实现快速发展。

3. 汽车企业在氢能源领域的布局与应用

交通行业想要实现碳减排，减少传统燃油汽车的能源消耗以及碳排放是重点。为此，很多国家开始大力推广新能源汽车，并针对新能源汽车取代传统燃油汽车颁发了很多文件，德国、英国等国家还发布了禁售传统燃油汽车的具体时间。

在风能、核能、太阳能等各种类型的新能源中，氢能凭借绿色、环保、可再生、易提取、易储用等特点释放出巨大的潜力。为了响应国家碳减排政策，在碳减排、碳达峰目标实现的过程中做出自己的贡献，一些汽车企业积极进行氢能源开发与应用，通过研发、推广氢能源汽车履行环境责任。

（1）现代汽车

2013 年，现代汽车推出 ix35FCEV，这是全球第一款实现量产的以氢燃料电池为动力的乘用车；2018 年，现代汽车推出第二代氢燃料电池车 NEXO，上市 2 年汽车销量就突破了 1 万辆，在全球氢燃料电池车销售排行榜上位居第一。此外，现代汽车还积极拓展氢燃料电池技术的应用范围，向瑞士储氢技术公司、欧洲能源解决方案公司出口氢燃料电池系统，为氢能社会的构建做出了突出贡献。

（2）中国一汽

2018—2019 年，中国一汽 50 千瓦级别和 100 千瓦级别燃料电池发动机先后点火成功，这两款发动机都是中国一汽首创，都可以用于乘用车。2019 年 7 月，中国一汽发布了新能源技术战略——旗羿登峰计划，将燃料电池汽车作为新能源汽车的一条技术路线。为了更好地推广燃料电池汽车，2020 年 6 月，中国一汽与东风公司、广汽、北汽、丰田汽车、亿华通共同成立联合燃料电池系统研发（北京）有限公司，希望能为我国的氢能社会建设做出一定的贡献。

（3）东风汽车

2020 年 10 月，在第四届中国（佛山）国际氢能与燃料电池技术及产品展览会上，东风汽车发布了东风 Sharing - VAN 氢能版。2021 年 2 月，东风汽车与佛山市政府、佛山仙湖实验室、佛山南海区政府签署四方合作战略，共同致力于氢燃料电池汽车和智能网联汽车的研发与推广，并联合成立了氢燃料电池乘用车示范运营车队，建立了燃料电池乘用车维保体系，对氢能产业规模化、规范化、高质量发展产生了积极的推动作用。

总而言之，在“双碳”背景下，对于汽车企业来说，新能源汽车的研发与利用是其参与全球竞争，在全球竞争中占据优势地位的关键。在新能源汽车研发领域，氢能源汽车的研发历经多年取得了阶段性成果，逐渐成为汽车企业践行环保责任，在新一轮的市场竞争中占据优势地位，攫取经济利益的重要抓手。

（五）“里程焦虑”的最优解

艾瑞咨询曾做过一次问卷调查，调查对象是有意向购买新能源汽车的燃油车主，发现被调查者在购买新能源汽车之前主要考虑两个问题，一是电池的使用寿命与续航里程，二是充电问题。电动汽车的充电时间较长，而且国内充电桩的覆盖率较低，再加上无法安装私人充电桩，导致超过 60% 的车主表示，电动汽车只有提高续航能力、缩短充电时间、解决充电难题，他们才会考虑购买。

相较于传统燃油汽车来说，电动车的性能更强，推力更大。相关数据显示，电动汽车从能量到推力的转化效率可以达到 90%，比传统燃油车的 35% 高很多。电动马达即便在低速运转的状态下也能产生强大的推力，因此电动汽车在行驶过程中不需要换挡。以特斯拉为例，Model S 最高配置版本从 0 加速到 100 千米只需要 2. 8 秒，1. 6L 紧凑型轿车从 0 加速到 100 千米需要 11 ~ 13 秒。

另外，从内部构造来看，纯电动汽车比燃油汽车的构造简单，零部件数量相对较少，不需要更换火花塞、过滤器、传动液等。而且，纯电动汽车的刹车采用回馈制动，不需要过多地对刹车片进行维护。

对于电动汽车来说，续航里程是制约其发展的一个主要因素。电动汽车想要实现快速发展，必须解决“里程焦虑”问题，而这一问题的解决可以从两个方面着手。

1. 提高电池容量

受能量密度的限制，提高电池容量会增加电池的体积，进而增加整个车辆的重量，导致耗电量增加。因此，对于车企和电池厂家来说，如何提高电池的能量密度是一大技术难题。这个问题一旦解决，电动汽车市场或将实现爆发式增长。

对工信部颁布的往届新能源车免车购税目录进行梳理可以发现：2019 年，市场上纯电动汽车的续航里程大多为 400 公里；2020 年，市场上纯电动汽车的续航里程提升至 500 公里。目前，小鹏 P7 的 NEDC 续航里程已经突破了 700 公里，续航里程的增加将成为纯电动汽车发展的必然趋势。

但目前，纯电动汽车续航里程的增加不是通过提高电池的能量密度实现的，而是依靠轻量化技术减少车辆自重，增加电池数量或者优化电机和电控技术实现的。

2. 缩短充电时间

随着大功率直流充电技术不断成熟，纯电动汽车使用快充可以将充电时间缩短至 0.5 ~ 1 小时。另外，在国家政策的支持下，充电桩的分布范围、分布密度都将持续增加，将有效解决纯电动汽车在行驶过程中的充电难题。

虽然纯电动汽车的续航里程不断取得突破，但在不同的行驶环境中，纯电动汽车的实际行驶里程并不理想。在城市开阔的道路环境中，纯电动汽车基本可以满足用户的出行需求，但在长途旅行过程中，因为要排队充电，且充电时间较长，驾驶体验不佳。

因此，纯电动汽车基本只能用于市内通勤，部分购买纯电动汽车的用户会另外配置一辆燃油车，还有一部分用户希望购买一辆既可以节能减排，续航里程长，又无须为充电焦虑的新能源车。但现阶段，受电池能量密度的限制，纯电动汽车的续航里程问题、充电时间问题还无法解决。

面对这一问题，比亚迪借鉴增程车的优点，开发出一款超级混合动力车，采用骁云——插混专用 1.5L 高效发动机，将热效率提高到了 43%，同时搭载大容量刀片电池，使得车辆在纯电动模式下的续航里程可以达到 120 公里。在电量充足的状态下，这辆汽车就相当于一台纯电动汽车，可以在任何路况下行驶。如果电量不充足，汽车会根据系统工况自动切换到用油模式或者油电协同模式。在超级混动状态下，这款汽车百公里油耗只有 3 升，续航里程可以达到1200 公里。除此之外，长城汽车也开发出 DHT 混动技术。随着插混技术的不断发展，未来很长一段时间，纯电动汽车可能与插混汽车共存。

第二节　数字化新能源汽车充电设施的建设与技术优化

一、数字基建：我国充换电设施建设路径

（一）充换电设施建设的现状及挑战

在国家各项政策以及市场的双向驱动下，我国的新能源汽车产业进入了蓬勃发展阶段。而充换电设施作为新能源汽车运行的配套基础设施，也成了一个具有良好发展前景的新兴产业。充换电基础设施产业想要实现高质量、可持续发展，首先应当完善充换电基础设施的标准体系，并加速充换电相关技术的创新。

1. 充换电基础设施产业快速发展

就全球充换电基础设施产业的布局来看，我国目前已经建成规模最大的充换电设施服务网络，充换电基础设施产业进入快速发展阶段。

（1）基本建成相对完善的充换电基础设施体系

从使用规划的角度来看，充换电基础设施主要包括如下四类：

① 公用充电设施：能够为社会范围内各类电动车辆提供充电服务的充电设施；

② 共用充电设施：为某区域（如小区、办公楼等）内的用户提供车辆充电服务的充电设施；

③ 专用公共充电设施：为某组织内的用户提供车辆充电服务的充电设施；

④ 自用充电设施：个人在自有产权车位上加装的充电设施。

目前，我国已经基本建成了包括上述四类充换电基础设施的体系，能够为用户提供高质量的充换电服务。

（2）基本建成了相对完善的市场体系

充换电基础设施产业作为一个新兴产业，其盈利模式仍有待进一步探索。目前，我国充换电基础设施市场的参与者主要包括运营商、车企和第三方平台。在不同参与者的共同努力下，我国的充换电基础设施产业已经形成了相对完备的配套体系和标准体系。未来，随着新能源汽车技术不断发展以及用户规模进一步扩大，充换电基础设施将变得日益丰富。

（3）基本形成了与互联网相融合的产业生态体系

大数据、云计算、5G 等互联网技术不仅为产业发展提供了强有力的推动作用，也与我国的充换电基础设施产业相融合。在各企业联盟形式的行业数据共享平台以及从国家到地方的多级行业监管平台的推动下，充换电基础设施产业已经基本形成了与互联网相融合的产业生态。

（4）科技和商业创新取得突破进展

充换电基础设施作为新能源汽车运行的必要辅助设施，其产业发展势必与新能源汽车产业一样需要科技和商业的创新作为推动力。目前，我国充换电基础设施领域已经开启了自动充电、车网互动、无感支付、即插即充等创新模式，使得用户的使用体验不断被优化。

2. 充换电基础设施产业发展面临挑战

2021 年 6 月 11 日，由国家能源局、工业和信息化部指导，中国电动汽车充电基础设施促进联盟编制的《2020—2021 年度中国充电基础设施发展报告》（以下简称《报告》）发布。《报告》显示："十三五"期间，我国充换电基础设施网络覆盖全国主要省市（超过 450 个城市），覆盖率超过 90%。

可以说，在几年的时间内我国的充换电基础设施产业取得了不错的发展成果。但作为一个新兴产业，充换电基础设施产业的发展也面临着一系列挑战。

（1）充电技术有待提升

充换电基础设施要带给用户良好的使用体验，首先应该尽可能提高设施的技术水平。

① 所需的充电时间比较长。虽然目前很多充换电基础设施已经采用直流快充技术，确保车辆在半小时左右就能够充满 80% 的电量，但仍然无法满足用户在充电效率方面的需求。

② 充电过程可能存在一定的安全风险。新能源汽车在充电过程中可能因为电池快速发热导致起火、爆炸等事故发生。

（2）商业模式不可持续

在目前我国的充换电基础设施市场上，运营商的收入来源主要是充电服务费。但由于充换电基础设施的投资建设和运营维护需要巨大的资金支持，而且业务的开展需要整车厂商等主体的配合，所以盈利十分困难，商业模式具有一定的不可持续性。

（3）推广过程障碍重重

充换电基础设施在推广的过程中面临多方面的阻碍，具体包括以下几点：

① 土地划拨难度大。充换电基础设施建设对于选址以及规模等都有特殊要求，但目前大部分城市的公共场地基本已经规划完毕，重新划拨充换电站点建设用地难度较大。

② 电力容量限制。充换电基础设施的用电流量大，但住宅区、商业区等区域的扩容难度大、成本高。

③ 不同厂商充电设备的质量参差不齐。充换电基础设施中的充电设备作为提供服务的主体，应该具有过硬的质量，但不同厂家生产的充电设备的质量往往良莠不齐，设备维护缺乏规范。

除上述提到的几点外，支付问题、燃油车占位等问题也有可能影响充换电基础设施的进一步推广。

（二）充电桩与充电站的建设成就

2015 年 10 月，国务院办公厅印发《关于加快电动汽车充电基础设施建设的指导意见》，部署加快推进电动汽车充电基础设施建设工作。此后，我国的充电基础设施产业便展现出了强大的发展活力，成为新能源汽车产业发展的重要保障。

根据中国电动汽车充电基础设施促进联盟提供的统计数据：截至 2020 年 12 月，全国充电基础设施累计数量为 168.1 万台，同比增加 37.9%；而到 2021 年 6 月，全国充电基础设施累计数量已经增长到了 194.7 万台。

1. 公共充电桩建设

（1）保有量情况

根据中国电动汽车充电基础设施促进联盟发布的数据，截至 2020 年 12 月，成员单位总计上报公共类充电桩 80.7 万个；截至 2021 年 12 月，联盟内成员单位总计上报公共类充电桩 114.7 万个。

除公共类充电桩数量的增长外，据中国电动汽车充电基础设施促进联盟统计分析，我国公共充电基础设施的分布区域比较集中。公共充电基础设施建设数量最多的前十个地区依次为广东、上海、江苏、北京、浙江、山东、湖北、安徽、河南、福建，而且这些地区公共充电基础设施的数量已经达到了全国的 71.7%。公共充电基础设施建设之所以具有明显的区域特点，主要是因为经济更发达的东部沿海以及南方部分地区为新能源汽车的推广提供了得天独厚的条件，更有利于充换电基础设施产业发展。

（2）公共交流桩与直流桩建设

截至 2020 年 12 月，在联盟内成员单位上报的 80.7 万个公共类充电桩中，交流充电桩 49.8 万个、直流充电桩 30.9 万个、交直流一体充电桩 481 个。具体到各个地区，不同类别充电桩的分布则有所不同。虽然相较于交流充电桩来说，直流充电桩的充电功率大、充电速度快，但公共直流桩的铺设成本也远高于公共交流桩的铺设成本。

（3）小区内与小区外公共充电桩建设

建设在小区内的公共充电桩主要包括三种类型：运营商建设在小区公共区域的公共充电桩、地产商建设在小区内部的公共充电桩、用户个人的私桩共享。根据中国电动汽车充电基础设施促进联盟的统计，北京市、上海市以及广东省三地的小区内公共充电桩数量明显更多，造成这种现象的主要原因是这三地经济发展水平较高，再加上政府配套政策的推动，使得新能源汽车的使用者较多。

与小区内公共充电桩以交流桩为主不同，建设在小区外的公共充电桩，直流桩与交流桩的占比接近。

2. 充电站建设

根据充电方式的不同，新能源汽车充电桩可以分为交流充电桩和直流充电桩。其中，交流充电桩由于充电速度相对较慢也被称为“慢充”，其体积小、结构简单、建设成本比较低，主要安装在居民小区、商场以及公共停车场等场所。

直流充电桩能够直接为汽车的动力电池充电，所以充电效率更高，也被称为“快充”，但是建设成本更高，而且这种充电方式对电池寿命影响较大，主要安装在专门的充电站。

根据中国电动汽车基础设施促进联盟提供的统计数据，截至 2020 年 12 月底，我国充电站的数量为 6. 36 万座，居世界首位。

（三）新能源汽车的充电模式

新能源汽车的正常运行必须以完善的充电配套设施为基础。由于目前电动汽车动力电池技术、规格等方面存在差别，国际标准 IEC61851—1 中规定了不同的充电模式，其各自对应的额定电压电流、与车辆的通信情况以及充电插头的连接方式等均有所不同。

1. 交流充电

（1）充电模式一

充电模式一通过一条含有普通家用插座插头、保护开关以及电动汽车充电插头的电缆，一端接入普通家用插座，一端与电动汽车上的充电接口相连。由于家用充电插座不包含控制导线和接近导线，无法与车辆通信，在充电过程中无法实时监测电流强度是否处于安全范围，因此，充电模式一基本不为厂家所采用。

（2）充电模式二

充电模式二取消了保护开关，增加了一个集成式电缆箱，充电电缆一端通过充电插头与电动汽车的充电接口相连，一端穿过集成式电缆箱，通过普通家用插座的插头与普通家用插座相连。在这种充电模式中，充电设备通过充电电缆内的模块与车辆进行通信，确保了整个充电过程的安全性，使得车辆与车载充电器能够实时交互充电参数。在充电过程中，可以使用车辆配备的便携式移动充电包进行充电，充电电源既可以选择专用的充电桩也可以选择家用电源，充电电流一般为 8 ~ 16A。在这种充电模式下，车辆需要的充电时间为 5 ~ 8 小时。

需要注意的是，由于可以使用普通家用插座将集成式电缆箱连接到交流电压网络上，而家用插座的 10A 与 16A 插头并不通用，所以充电模式二需要使用的普通家用插座为空调或热水器的插座，且电源线的插头上应该标明为 10A 或 16A。

由于充电模式二适用的条件较为宽泛，所以可以选择的充电场所也比较广泛。不过，由于需要的充电时间较长，所以用户可以选择晚上充电。

（3）充电模式三

充电模式三将普通家用插座替换为充电机或者充电桩，车辆通过充电插头与充电桩连接，满足充电需要。纯电动或插电式混合动力汽车最常采用的充电模式就是这种充电模式。与充电模式二不同的是，这种充电模式通过充电桩内的模块与车辆进行通信。

2. 直流充电

直流充电明显区别于交流充电，充电效率更高、速度更快，能够在比较短的时间内满足车辆快速充电需要。但从本质上来看，直流充电是一种应急充电模式，不能用于车辆的日常充电。由于快速充电需要的电压为 200 ~ 750V、电流为 150 ~ 400A，充电功率超过 50 千瓦，所以快速充电一般为直流充电。就目前已经推出的新能源汽车车型来看，直流充电模式并不适用于所有车型，只支持荣威 E50、北汽新能源 E150/200、比亚迪 E6，以及特斯拉等部分车型。

直流充电模式的劣势主要体现在两个方面：第一，充电设备的安装和运维成本高，对运营商的资质要求高；第二，直流充电快速充电的方式会使得车辆的电池在短时间内受到比较大的冲击，容易导致电池快速发热和活性物质脱落，因此对车辆电池的散热要求高。

（四）完善充换电基础设施的对策

随着国家“碳达峰”“碳中和”等目标的提出，新能源汽车以及相关产业的发展也迎来了难得的机遇。充换电基础设施产业作为与新能源汽车密切相关的产业，自然吸引了越来越多的关注。要完善充换电基础设施，我国应该从加强顶层设计、加强充换电设施基础保障、推动充换电设施建设以及完善管理和监管四个层面入手。

1. 加强顶层设计

作为新能源汽车运行的辅助设施，充换电基础设施建设不仅技术要求高、资金需求大，而且需要依据统一的标准和规范。因此，应该将充换电基础设施建设纳入国民经济整体发展规划，在具体实践过程中依据各个地区的情况进行详细规划与统筹管理。此外，在顶层设计方面，国家应出台相应的扶持政策，推动我国充换电基础设施产业实现良性可持续发展。

2. 加强充换电设施基础保障

充换电基础设施建设和运营需要多方面的支持，其中电力供应保障和建设用地保障最为关键。

（1）电力供应保障

充换电基础设施的用电量比较大，建设在小区以及商场等人流量密集场所时可能会面临电量增容问题，为此应该尽可能增加充换电基础设施电力供应方面的保障，具体措施如下：

① 将具有充电需求的新能源汽车的用电纳入国家电力供应保障体系；

② 对于需要建设充换电设施的场所（如景区、公共停车场、小区等），由电力供应系统负责增容并铺设电缆；

③ 由政府相关部门设立专项扶持资金，将充换电基础设施建设部分或全部纳入政府投资范畴；

④ 支持运营商建设充换电设备、储能系统、光伏设施等电力供应设施，尽可能节约电力资源；

⑤ 在流程方面，制定快速简易的建设流程和科学统一的运营规范，为充换电基础设施接入电网提供绿色通道。

（2）建设用地保障

随着新能源汽车用户不断增加，充换电需求也日益强烈。因此，公共充换电基础设施用地有必要纳入城市空间发展规划。不同地区的政府部门可以根据该地区新能源汽车的使用情况，对居民充换电需求进行分析，从而有针对性地制定该地区充换电基础设施中长期发展规划，并将公共充换电设施建设用地纳入公共管理与公共服务设施用地（A类）管理范畴，从建设用地层面对充换电基础设施的推广提供保障。

3. 推动充换电设施建设

（1）居民区充电设施建设

居民区是充换电基础设施建设的重点场所。不同的居民区应该根据具体情况制定不同的充电设施建设方案。例如，处于规划阶段或建设阶段的小区可以在停车场中预埋电缆，将充电设施项目纳入建设项目验收必要条件；已经建成的新小区可以按照新能源汽车用户的比例配建充电桩，且物业不能阻碍建设施工；增容困难的小区可以鼓励物业与运营商合作，在小区公共用地或小区外规划充换电基础设施建设用地。

（2）停车场配建充电桩

从理论上来讲，所有停车场都应该满足新能源汽车的充电需求。因此，应该为机场、医院、商场等不同场所的公共停车场提供配套的充电桩，并根据具体需求将建设指标完成率纳入当地政府业绩考核。

（3）推动保障类充电设施建设

景区停车场以及高速公路服务站应该按比例推进充电桩配套设施建设，并根据需求将建设指标完成率纳入相关管理部门的业绩考核。使用新能源洒水车、市政服务类垃圾车以及公交车等车辆的单位也应该按照需求配建充电设施，并在必要的情况下将配建情况纳入相关管理部门的业绩考核。

（4）鼓励创新

随着汽车向数字化、清洁化、网联化、智能化的方向不断发展，应该进一步开发和推广应用桩联自动驾驶技术、有序充电技术、光储充一体微网技术以及安全高效的充换电技术，鼓励技术和模式创新。

4. 完善管理和监管

（1）统筹管理

国家应该对充换电基础设施产业进行统一管理，并从建设施工、消防、用电、用地等方面制定完善的标准规范。地方政府应该主动承担在充换电设施建设管理过程中的主要责任，针对充换电基础设施用地、用电以及管理等环节提供一站式的便捷服务。

（2）加强监管

为了维护充换电基础设施产业的运营秩序，保障产业健康可持续发展，地方政府应该加强对充换电基础设施领域的监管，对不规范建设施工及违规用电等行为加大查处力度，并督促运营商确保充电设施的正常运转和消防安全。

此外，对于已经建成的充换电基础设施，国家和政府也应该加强管控，对非正常运行的充电桩、“僵尸桩”等进行定期排查，并督促运营商限期整改，对不服从监管的运营商按照相关规定进行处罚。

（3）提升充电设施品质及运维保障能力

为了推动充换电基础设施产业健康发展，我国成立了中国电动汽车充电基础设施促进联盟。联盟应该充分发挥对行业的约束作用，根据我国充换电基础设施行业标准设定相应的准入门槛，并完善自我认证体系，不准销售和使用没有经过检测的产品，提升品质保障能力，增强运营商的风险防范意识，利用人工智能、物联网、大数据等技术对充换电基础设施的运行情况进行动态监测。

二、技术优化：汽车充电系统的关键技术

（一）充电系统的结构

由于纯电动汽车和插电式混合动力汽车需要全部或部分借助电能行驶，因此，对于这些类型的汽车来说，高电压蓄电池充电系统就是一套核心子系统。在汽车需要充电时，高电压蓄电池充电系统可以将电网的电能转化为车载高电压蓄电池的电能；当高电压蓄电池充满后就可以自动停止充电。从充电系统的结构来看，高电压蓄电池充电系统主要包括充电器、充电设备以及车载充电接口三部分。

1. 充电器

充电器的主要功能是将来自电网的交直流电能转化为车载高电压蓄电池所需的直流电能。由于汽车的供能方式千差万别，所以纯电动汽车与插电式混合动力汽车的充电器也有所不同。纯电动汽车的充电器安装在汽车内部，是车载充电器；插电式混合动力汽车的充电器安装在充电桩内，是非车载充电器。

车载充电器基于安装在车辆之上的 AC/DC 整流器，借助车载电源或地面交流电网对高电压蓄电池组进行充电。在充电过程中，车载充电器一方面与交流电网建立连接，满足车辆充电的需要；另一方面通过控制导线与车辆建立通信，实时获取车辆与车载充电器之间的充电参数，确保充电安全。

2. 充电设备

充电设备的主要功能是为纯电动汽车或插电式混合动力汽车进行户外充电，常见于广场、停车场等车辆通常停靠的场所。充电设备借助标准非接触

式智能卡控制整个充电过程，为纯电动汽车或插电式混合动力汽车提供单相或三相交流电源的同时，还具有防雷、过温、过流、欠压、过压等额外的系统保护功能。纯电动汽车或插电式混合动力汽车通常使用的充电设备主要包括移动充电包和固定充电桩两种类型。

（1）移动充电包

移动充电包的体积和重量比较小，使用起来比较方便，可以在任何能够提供普通电源插口的地方对车辆进行充电。在汽车运行过程中，移动充电包可以置于车辆发动机室盖下方的移动充电包盒内或者后备厢中。由于移动充电包可以通过普通的家用插座与交流电压网络相连，所以其能够通过的充电电流强度也是有限的。

就我国目前针对车辆推出的移动充电包来看，其能够通过的最大电流强度为16A、最大充电功率为3.7kW，属于车载慢充系统的一种。根据这一数字进行计算，一辆完全放电的纯电动汽车或插电式混合动力汽车重新充满电需要的时间大约为7小时。而且在实际充电过程中，出于保护车辆电池的目的，应该缩短最大充电功率的使用时间，因此实际充电时间往往更长。

此外，在使用普通家用插座对车辆充电的过程中，还应该考虑线路以及插座的承受能力，避免出现线路烧熔、插座烧毁等意外。

（2）固定充电桩

固定充电桩就是能够为纯电动或插电式混合动力汽车提供充电服务，并且以固定方式安装的充电设备。根据充电方式的不同，固定充电桩可以分为交流电充电桩和直流电充电桩。

交流电充电桩的工作原理是一边与车辆的充电接口相连，另一边与交流电压网络相连，从而实现充电目的。在不同的国家和地区，交流电充电桩与交流电压网络连接的方式也不同，如美国通过二相方式连接，德国通过三相方式连接。不过交流电充电桩与汽车充电接口的连接方式比较统一，都是单相方式。在外观上，国内使用的交流电充电桩包括落地式和挂壁式两种。与移动充电包不同，固定充电桩配置的导线横截面决定了其充电过程能够以比较大的电流强度传输电量。根据监测，交流电充电桩的最大充电功率为7.4kW，最大电流强度为32A。

直流电充电桩与交流电充电桩存在本质区别，直流电充电桩在充电桩内将交流电压转化为直流电压，无须通过车载充电器进行电压的转换。这也就决定了直流电充电桩的充电效率远远高于交流电充电桩，为高电压蓄电池充电的速度更快。

3. 车载充电接口

从充电速度的角度划分，纯电动汽车以及插电式混合动力汽车的充电分为快充和慢充。当采用快充模式时，为了保证更高的充电效率，需要通过特定的充电接口进行充电，这个过程类似于传统燃油车通过油箱加油。需要注意的是，快充模式要求车载充电接口能够承受短时间增大的电流，同时要防止车辆另外的充电接口受潮或被污染。

车载充电接口的位置可能因为生产厂家或车型的不同而存在差异，一般设置在车辆的前面或侧面。例如，国内具有代表性的新能源汽车品牌比亚迪推出的比亚迪 E6 电动汽车的车载充电接口就安装在左侧围外板上，既可以通过充电桩或家用 220V 交流电充电，也可以采用直流充电桩充电。

（二）传导充电技术

传导充电技术就是借助导线在车辆和充电设施之间建立连接，形成完整的导通回路以满足车辆充电需求的技术。目前，国内外主要电动车型所采用的充电方式基本上都是直流充电和交流充电。由于相关的技术比较成熟，所以应用也比较普遍。相对而言，传导充电技术的发展方向聚焦于大功率充电，以满足用户“快速充电”的需求。

1. 直流充电技术

直流充电技术就是借助充电装置直接将电网中的交流电转化为直流电对车辆进行充电的技术。在直流充电桩充电的过程中，车辆与对应的充电桩建立连接后，车辆的识别通信协议会激活充电控制单元，继而开始正式为车辆充电。待电池充满后，车辆就会主动发出中断信号，结束充电过程。

直流充电技术最显著的优点就是充电效率高，目前大部分直流充电装置设置的充电功率是 120kW，一辆电量耗尽的电动汽车在 30 分钟内就能够充入超过 80% 的电量，所以直流充电技术特别适用于车辆有快速充电需求的场景，特别是出租车、物流车以及公交车等。直流充电技术的缺点主要体现在两个方面：第一，过快的充电效率可能导致电流温度快速升高，对电池造成不可逆的损伤；第二，直流充电装置的成本比较高。

2. 交流充电技术

由于电动车的动力电池只能接受直流电，因此当输入的电流为交流电时，必须经过车辆自带的充电机将交流电转换为直流电。在交流充电桩充电过程中，车辆与充电设施建立连接后，充电桩输出的电流经过车载充电机的整流、滤波等一系列处理后转换为直流电从而为车载电池充电。等电池充满后，电动车就会主动发出中断信号，结束充电。

与直流充电设施相比，交流充电设施的体积较小、安装比较容易，而且操作比较方便。不过，交流充电技术的工作原理决定了其充电速度相对较慢，一辆电量耗尽的电动汽车充满电大约需要 8 小时。

3. 大功率充电

为了解决电动汽车续航里程短的问题，车载电池的容量以及充电时间势必会有所增加，因此电动车的“快速充电”问题便不容忽视。在这种情况下，大功率充电技术应运而生。大功率充电指的是电流达到 350A、电压达到 1000V、充电功率大于 350kW 的充电方式。

目前，以特来电、星星充电以及特斯拉等为代表的国内外运营商和车企都已经开始研发大功率充电技术。例如，保时捷 Mission E 推出的快充系统的充电功率最高可达 350kW，充电 4 分钟就能够支持车辆续航 100 公里；北汽新能源搭载的快充技术，充电功率最高可达 280kW，充电 10 分钟就能够支持车辆续航 300 公里。

根据相关研究，当电动车的充电功率达到 350kW，其充电过程如同燃油车加油。不过，大功率充电技术并非没有缺点，如同直流充电技术一样，快充会导致电池负极的电位急剧下降，有可能对电池寿命以及车辆安全造成不良影响。

（三）无线充电技术

虽然目前大部分需要充电的产品采用的仍然是有线充电模式，但由于有线充电使用不够便利，无线充电技术拥有广阔的应用前景。以智能手机为例，目前很多厂商已经开发出支持无线充电的机型，不过与传统的充电方式相比，无线充电技术不仅不够成熟，而且充电功率低，电池容易发热。

目前，支持无线充电的技术主要有四种，即无线电波式、磁场共振式、电磁感应式、电场耦合式。但由于无线电波式和电场耦合式无线充电的传输功率低，所以电磁感应充电技术和磁场共振充电技术的适用范围更广。

1. 电磁感应充电技术

电磁感应充电技术就是当电流通过线圈后，由线圈产生的磁场带来感应电动势而产生电流的充电技术。从电磁感应充电技术的工作原理可以看出，电磁感应充电技术虽然充电效率比较高，但由于传输距离短（0 毫米到 10 厘米），所以摆放时需要将所有线圈一一对准。此外，金属感应除产生电动势外还会产生多余的热量。电磁感应充电技术的本质类似于空心变压器，原理并不复杂，相应的技术比较成熟，成本也比较低。但由于对摆放位置的要求比较严格，而且传输距离短，所以存在比较明显的缺陷。电磁感应充电技术除了可以应用于手机等领域外，也已经开始应用于电动汽车领域。

2. 磁场共振充电技术

2008 年，在 MIT 的一场实验中，实验的操作员隔空点亮了一个 60W 的电灯泡，使得磁场共振技术获得了人们的广泛关注。与电磁感应技术相比，磁场共振技术的明显优势体现在能够实现更大范围的能量传递，空间操作的自由度更高。磁场共振充电技术不仅能够支持多个设备同时充电，而且具有更高的可靠性。

磁场共振充电技术的工作原理如下：如果磁场的发送端与接收端的共振频率相同，就能够基于共振效应传输电能。磁场共振充电技术的优点是传输功率大、传输距离远，非常适合用于大功率远距离充电；缺点是传输距离远，在传输过程中会出现一定的损耗，且损耗量会随着传输功率和距离的增加而提升。此外，在使用磁场共振充电技术的过程中，为了提高充电效率，应该针对使用的频段尽可能避免外界干扰。

由于现有的技术水平有限，电磁感应充电技术和磁场共振充电技术的使用都具有一定的局限性，只能在固定范围内充电，使用不够便捷。

（四）电池更换技术

电动汽车频繁充电可能会对电池造成不可逆的损伤，为了维护汽车安全，保障企业高效运行，就需要借助换电技术。

换电技术指的是借助集中性的充电站对大量车载电池进行集中存储、充电以及统一配送，并在电池配送过程中进行电池更换的技术。从理论上来看，借助换电技术，电动汽车能够处于无间断运行状态。而且，由于汽车的电池能够循环使用，换电可以尽量减少对单个电池的损伤，有利于延长电池的使用寿命，降低车辆的使用成本，并提前发现和消除电池可能存在的安全隐患。但是，换电技术比充电技术更烦琐、复杂，换电站的建设成本也远高于普通充电桩。

2020 年 8 月，全国汽车标准化技术委员会电动车辆分标委在深圳组织召开 2020 年标准审查会，由北汽新能源、蔚来、中汽中心等单位牵头起草的 GB/T《电动汽车换电安全要求》推荐性国家标准通过了审查。GB/T《电动汽车换电安全要求》将研究对象划定为整车、换电系统、换电电池包、换电机构、换电接口等，对电动汽车运行过程中可能存在的风险以及对应的换电过程进行分析，对电动汽车的一般安全要求、整车安全要求及系统部件安全要求进行明确，并在此基础上推出了针对性的试验检测方案。

就我国新能源汽车领域的发展现状来看，以北汽新能源、蔚来汽车为代表的车企已经探索出了较为完善的换电模式。换电模式的优点主要体现在以下几个方面：

① 换电模式的推广可以将整车与电池分开，降低购车成本；

② 换电所需的时间比充电时间更短，有利于改善用户的使用体验；

③ 由专业的电池运营商负责对电池进行集中检测和养护，不仅有利于延长电池的寿命，还能够增强电动车的安全性；

④ 电池充电更加灵活，可以利用峰谷优惠电价降低充电成本；

⑤ 用户可以基于车辆需要行驶的里程自由选择所需电量，减少能量浪费；

⑥ 有利于商业模式以及技术领域的创新，进一步丰富产业链。

随着技术的进步以及商业模式逐渐清晰，探索换电模式的入局者越来越多。不过，由于电池标准尚未统一，目前该领域车企仍然是各自为战。在国家新基建浪潮的推进下，包括充电桩、充电站以及换电站等在内的充换电基础设施将不断发展，届时新能源汽车充电难的问题也将得到妥善解决。

第五章　双碳目标下的数字化综合能源管理

第一节　综合能源管理概述

一、综合能源管理系统概念

到目前为止，对综合能源系统还缺乏一个全系统的概念，一般是指在各种能量子系统的开发计划、建造与运营等过程中对各类能量资源的形成、输送与分配、转化、储存、消费等各环节，加以有机统筹和优化之后而构成的生—供—销一体化能量管理系统。但从理论上说，综合能源管理系统并不是一种完整的概念，长期存在着对各种能量类型的协调优化情况。例如，冷热电联供发电机组通过高、低品位热能与电能之间的协调优化，提高了燃料的综合利用率；冰蓄冷设备协调电能和冷能（或者热能），达到了削峰、填谷的目的。然而，上述设备都属于局部综合能源管理系统，满足了局部各类用户的用能需求。通常情形下，根据地区供能跨度，可把综合能源管理系统分成跨区级、地区级和用户级三种类别。

① 跨区级综合能源管理系统连通了各个地区的综合能源管理系统和能量

产地之间的能量输送体系，以大规模输电、输气体系为骨干网架，具备长距离能量输送作用。同时，由于热力网络受制于就近的供需特性和传播延时特性，仅在局部小区域内传播，所以在研究中一般不考虑热力联网，而且各种能源体系之间的相互作用也将受到地缘政治、市场管理等的影响。

② 地区级综合能源管理系统是指城市内部或多城市之间的各类型能源分配、转换和存储系统。通常情形下，地区级综合能源管理系统由输配电网络系统、高中低压燃气网络系统、供热/冷却/水控制系统等网络相互耦合而成。另外，电力、燃气、热力能源体系之间具有较强耦合作用，具有能量传递、转化与分配、平衡的“承上启下”功能。

③ 用户级综合能源管理系统是指楼宇建筑物及工业园区内的电力、燃气、热力、冷却等各种能源供应体系，由智能供电、用气系统、分布式/集中式供暖系统等网络耦合而成，因多能源转换设备、存储设备的广泛存在，不同能源网络之间存在着深度耦合。

园区综合能源管理系统隶属于用户级综合能源管理系统，包含学校、工厂、住宅、商业建筑等用能单元的聚集区，如苏州工业园区、中关村科技园区、厦门国家火炬高技术产业园区等。园区综合能源管理系统的核心依然在于各能源子系统的协同优化，且各类园区表现出明显特点，即自然资源不统一、气候条件不相同和地形地貌不单调，促使不同园区主导的能源类型也随之变化。

二、国外综合能源管理现状

传统能耗服务公司起源于20世纪中期的美国，一般是用来对既有的建筑物进行节能服务的。但伴随经济社会的发展，采用分布式能量的综合能耗服务公司也在欧美诞生，一般是面向建设项目开展热电联供、光电、热泵、微生物能量等可再生能源开发利用技术的推广，其投资额度也更大，模式更为灵活多样，而伴随网络、人工智能、数字孪生等新信息的出现，融合了洁净能源和可再生能源的区域微供电技术的全新综合能源业务公司模式也开始出现了。

（一）国外综合能源管理发展现状

通过综合能源服务公司可以提高电能的利用效率，同时实现了可再生能源规模体量的发展。目前，世界各国均根据各自的经济发展需要提出了综合能源发展策略。下面对欧洲、美国和日本的经济发展状况加以说明。

1. 欧洲

欧洲早早将关于能量协同系统最佳优化的相关研究提上了议程，通过 Utilities UK 公司的市场调研，目前全球已涌现出上千个能源服务商。对欧盟许多成员国来说，其能量体系之间的耦合和相互作用得到大幅提升，其中以英国和德国较为典型。英国的企业越来越重视对能量体系与能源流的整合。加拿大的电能利用高压输电线路、煤气网络或通过燃气管路和亚洲大陆的电力网线路相连接。建设一种更加安全和可持续发展的综合能源管理系统也是英国政府长期所关心的问题。在英国政府，特别针对社区的分布式综合能源管理系统，政府部门也给予了很大的帮助。比如，英国政府的能耗和气候主管部门 DECC，以及英国政府的科技代理组织 Innovate UK（以前称为 TSB）和企业，联合赞助了大量区域式综合能源管理系统的研发与使用。德国的相关公司也对能源管理系统和通信信息系统的集成问题尤为重视，他们的一个代表性项目就是 E－Energy，于 2008 年选定了六个试点区域，并实施了为期四年的 E－Energy 创新与促进行动计划，主要涉及智慧发电、智慧电网系统、智慧消费和智慧储能等四大领域。该项目意在促进世界其他企业和地方政府积极参与建设由新型的信息通信技术（ICT）、通信装置与控制系统所构成的高效电力体系，以最先进的控制手段来应对日趋丰富的分布式电源和各种复杂的应用终端负荷。通过智能区域供能系统、智能家居、储能装置、售电网络平台系统等方式试点，E－Energy 的总负载和耗电量均下降了 10%～20%。

2. 美国

在定价管理机制上，由美国能源部长作为对各种燃料资源的最高主管，美国政府出台相应的能量政策法规，而国家的能量监督机关则主要是监督当局能量政策的实施，以控制能量产品价格的无序波动。在此机制下，实现了全美各种能量体系之间有效的协作配套，也保证了全美的综合能量提供商（如全美加利福尼亚太平洋煤气发电有限公司、爱迪生发电有限公司等著名综合能源提供商）的蓬勃发展。在技术上，国家对综合能源政策与理论技术方面投入大批的人才进行研究。美国能源部早于2001年就制定了综合能源管理系统规划，目的是在于进一步提高清洁能源供给与使用比例，进而使整个社区供能系统的安全可靠和经济效益得以进一步提高，在规划中着重是鼓励对分布式再生能源和冷热电联供科学技术的进一步发展与应用。奥巴马总统在第一个总统任期，即把建设智慧电网系统作为美军的国家战略，希望在国家电网技术基础上，建立一种高效能、少投入、安全、灵活应变的综合能源管理系统，以确保美军在未来推动全球能源领域的创新和革命。在需求侧的监管技术上，全美包括加利福尼亚、纽约在内的不少地方政府在新一轮电网改造中，已明显地将以需求侧监管技术提升电力的操作灵活性视为主要方向。

3. 日本

2009年9月，日本政府宣布了其在2020年、2030年和2050年对温室废气的总减排量发展目标，其中明确提出了强力建设覆盖全国的综合能源管理系统，以此达到对国家能源结构的优化和效率的提高，同时鼓励可再生能源规模化发展。日本大部分的综合能源管理系统研发组织也都进行了此类研发工作，并产生了不同的研发方法。例如，由NEDO公司在2010年4月开始组建的JSCA（Japan Smart Community Alliance），主要是致力于智慧社会科技的研究与创新，该智慧社会是在社会整体综合性能量体系（包含电能、煤气、热力、可再生能源等）的技术基础上，进行与道路、给排水、信息系统及医疗保健体系的整合集成。Tokyo Gas集团还将提供更加超前的综合能源管理系统方案，在传统综合供能（电力、煤气、热力）体系基石上，还将建立遍及整个全球的氢能供给网，以形成涵盖所有能源网络的终端，不同的能量应用装置、能量交换系统与存储单元的终端综合能量体系。

（二）国外综合能源服务典型案例

1. 德国 RegModHarz 项目

RegModHarz 项目设在德国的哈慈区域，主要内容涉及 2 个光伏电站、2 个风电场、1 个微生物水力发电工程，共 86MW 设备容量。RegModHarz 项目的重要目标，是通过实现对分布式网络结构风力作用、太阳能、生物质等可再生能源发电设备和泵送储能水电站之间的技术合作，使可再生资源通过联合循环达到最佳利用。其重点展示内容为在电力侧，集成了储能设备、汽车、可再生能源及智慧家电等的虚拟电厂，并涵盖了一系列更接近现实生活的新能源需求元素。

（1）RegModHarz 项目建设的重点措施

① 完善了家庭能量管理体系。家电能够“即插即用”于此操作系统，而且操作系统还可以通过电价决定家用设备的工作状况，同时通过调节用户的负荷来跟踪可再生能源的发电量变化趋势，从而达到负荷调节与新能源发电的双向交互。

② 在配电网中装设了十个电源管理单元，通过对节点的电流和频率等运行指标进行监控，定位供电的薄弱环节。

③ 由光伏、发电风机、微生物发电、电动汽车和储能设备一起组成了虚拟电站，与国际能源市场交易。

（2）RegModHarz 项目的典型成果

① 由开发人员设计了基于 Java 语言的开源软件平台 OGEMA，对外部连接的装置进行了规范化的数据信息结构和设施服务管理工作，并完全独立于技术厂商支撑的施工自动化系统和能效管理，从而可以达到低负荷装置在信号传递领域方面的“即插即用”软件系统框架。

② 通过虚拟电站系统直接参与电能的市场交易，大大充实了配电网系统

的调度管理能力，为通过分布式网络结构电能管理系统直接参与市场调节提供了依据。

③ 通过哈兹区域的水电系统与储能设备调整，很好地平抑了风机、光伏技术等电量产出的波动与不平衡稳定，从而有效地论证了在整个区域能源市场范畴内实现 100% 的洁净能源供给，是完全可以做到的。

2. 美国 OPower 公司经营模式

OPower 公司通过对公用事业企业的能耗数据和其他各种第三方数据进行深入分析与数据挖掘，从而为使用者提出了一套适用于其生活方式的节约意见。截至 2015 年 10 月，按照 OPower 公司网络上的动态信息，其已经累计帮助用户节约了 82.1 亿千瓦时的发电量，节约电力 10.3 亿美元，减排了超临界二氧化碳 121.1 亿磅（1 磅 =453.59 克）。

OPower 公司主要的业务活动如下：

（1）推出更人性化的账单业务，清晰地展现个人供电状况

OPower 公司运用能源效率云网络平台，整合了大数据分析与行为科学分析方法，更加丰富了电力账单的服务功能。具体根据客户家庭制冷、采暖、基础负荷、其余各种用能状况等的电能状况加以划分，并利用柱状图完成了当月的用电量数据信息与前期对照，用电信息一目了然。同时，利用与相邻地区客户能耗横向比较，对比了相邻地区内最节省的 20% 客户能耗数值，即完成了邻里间能耗对比；利用各种方法同客户交流，其中从常规的纸质信件，到短消息、电子信件、网络信息平台等，来增进同客户之间的沟通反馈。

（2）通过大数据分析和云平台，提出节能方法

OPower 公司通过可扩充的 Hadoop 大数据分析平台构建了其家居能源数据分析平台，通过利用云计算技术，完成了对客户家庭各类用电情况及相关信息的大数据分析，从而形成了每个家居的家庭能源档案，并在与邻里进行对比的基础上，形成了客户个性化的节电意见。而这种与邻里能源比较，也充分参考了行为科学的相关理论，将家庭能源账单概念带入到了社区元素，与

所谓“微信运动”的模型非常相似，给客户带来了更直接、冲击感较强的节电动力。

（3）建立了各方合作的业务模式

尽管OPower公司的主要目标是为终端用户节电服务，但由于其将自身定位为一个“公用事业云计算软件提供商”，其经营管理模式也并非B2C（公司对终端消费者）管理模式，而是B2B（企业对企业）管理模式。电力企业选用OPower公司，订购相应的应用软件，并免费供应给其他用户使用。OPower公司除了帮助终端用户提出人性化节电的意见，同样也为公用电力公司进行需求侧数据分析，协助电力公司分析终端用户的电能消费行为，为电力公司改进经营业务提出决策依据等。

3. 日本东京电力公司发展与经营模式

（1）针对用户分类，提出了不同的业务战略

日本东京电力公司将用户分成大客户和居民客户两种。

面向大客户，业务战略一般分为：

① 为客户提出不同电价方法与建筑设备方法的最佳优化选择；

② 向客户提出电能、煤气、生物燃料等最优化电力选择方法；

③ 提供全面的节电辅助业务，以支持客户完善设施，达到节电目标；

④ 兼顾包含通信内容的建筑设备设计、建造、保养及整体设计业务。

面向居民客户，东京电力公司则将其业务目标定位为：舒适性、节约、环境保护、安全性、经济效益。因此，东京电力公司制定了对居民客户的发展方针，即推广高效率用电产品所组成的生活用能智能家居系统。

（2）多手段组合式节能

一方面通过为客户提供节能咨询服务，提供包括节能检测、解决方案、维护设备和经营管理等业务。另一方面通过智慧电力系统，注重科技发展，以提升能耗效益。东京电力公司还设立了技术研究院，对现代智慧家庭、建筑节能、电动车应用等领域开展了研发工作。在现代智慧家庭的应用领域，由东京都电工研究人员将电动车辆连接现代智能家居系统，并按照系统电源

负载状况的预测方法实现充电及放电。另外，东京电力公司还运用了地源热泵、太阳光发电等技术，以及利用统一储能系统和环境监测装置对居室温度实行控制，而电器用电状况和环保状况也将被引入统一监测系统，以达到家居用能的集成控制和优化。

东京电力公司与GE公司合作，利用GE公司成熟的资产绩效管理平台开展数据分析。在商业应用推广阶段，东京电力公司成立新的数据监测分析中心，自主开发建设物联网远程优化平台，该中心于2020年收入达5亿元人民币。

三、国内综合能源管理发展现状

当前中国的整体综合能源管理业务仍处于发展初期阶段，主要内容包括发售电、工程相关业务等。目前中国的综合能源管理一般有两种形式，一是工业融合方式，即对发电、冷暖、光电、燃油等的联产，并结合智能科技，进行深加工利用；二是在发售电业务基础上的综合业务，并将能源供应、节能、业务拓展等内容与智能技术融合在一起。这种形式与前一种形式比较，对工业基础的综合应用需求相对较少，用户侧更能直观体验到相关技术革新带来的时代变革。

（一）国内综合能源管理相关政策

我国一直在不断出台综合能源管理相关政策。

2014年6月13日，中央财经小组第六次会议：习近平同志指出必须推动能源生产和消费革命。

2015年3月5日，十二届全国人大三次会议：李克强同志提出制定：“能源互联网+”行动计划。

2015年11月30日，国家能源局：关于电力体制/改革配套文件。

2016年11月27日，国家发改委、国家能源局印发通知，确定第一批105个增量配电改革试点项目。

2016年11月7日，国家能源委员会：《能源发展“十三五”规划》审议通过。

2016年11月5日，国务院：关于印发“十三五”控制温室气体排放工作方案的通知，强化低碳引领，推动能源革命和产业革命。

2016年7月26日，国家能源局：关于组织实施“互联网+”智慧能源示范项目的通知。

2017年1月25日，国家能源局公布首批23个多能互补集成优化示范工程项目。

2017年5月5日，国家能源局公布28个新能源微电网示范项目名单。

2017年6月28日，国家能源局：首批能源互联网示范项目正式批准（55家）。

2017年10月22日，国家电网发文进军综合能源服务。

2019年3月8日，国家电网在2019年两会报告及多个场合提出要建设运营“泛在电力物联网”。

2021年10月25日，国家电网：加快推进电网数字化转型升级，积极打造能源互联网产业生态圈。

（二）国内综合能源管理产业现状

“碳达峰、碳中和”相关的能源问题，一直是社会舆论关注的热点，也昭示着一场全面深刻的经济社会变革。现阶段，我国的能源消费市场，仍存在产能过剩、周转慢、能耗高等很多亟待解决的难题。因供应链不畅通，交付流通环节效率低等原因，消费者难以享受到更实惠、便捷的能源服务。系统性设计的综合能源管理迫切需要开展，我国很多企业也早早进行了相关内容的布局，国内参与综合能源管理的企业以发电类型的国企及以提供技术服务的民企为主。

第二节　综合能源管理的规划与评估

综合能源管理规划是为了从源头设计上提出能源建设的合理实施方式，避免传统单一能源系统建设的不合理性、低耦合性及与需求不匹配的问题。

以下介绍多能互补机制及典型的综合能源管理的规划、评估方法。

一、综合能源管理系统多能互补机制

多能量互补的综合能源管理系统（以下简称综合能源系统）的核心内容为分布式能量和围绕其所进行的区域能源供应。一方面，综合能源系统通过进行多能量协同优化与互补增加了可再生能源的使用率；另一方面，可以通过进行能量梯级使用，提升能量的综合利用水平。但是，由于综合能量体系是一个具有较多变数、结构特征复杂、随机性强、多为空间尺度的非线性体系，其能量设计问题往往比传统能量设计问题更加复杂。

综合能源系统集成了各种能量输入/输出设备和各种能量变换装置，可以利用信息网络与电力系统、供气系统、供暖系统和供冷系统等系统形成对应的耦合关系。

综合能源系统的配备牵涉到确定系统器件的种类与大小等问题，而控制系统配备又直接影响联供控制系统。在工程设计中必须充分考虑单元装置的工作效能、综合控制系统的运作策略及用户的用能要求等诸多因素。以工程设计完成的综合能源系统还必须在经济效益与环境效益方面进行均衡。在综合能源系统的设计初期，工程设计人员往往会先选定控制系统的主要设施与容量，然后再选定其配合控制系统的运作策略。

二、综合负荷预测需求分析

冷热电力负荷预测通过电力负荷、国民经济、社会、气象等的历史数据，

探索了发电负荷和各有关因素间的内在联系，以便对未来的负荷情况做出科学预报。负荷预期值是综合能源管理系统建设初期方案的重要基准，其准确性直接影响着系统的正常运行。而讨论初始投入、每年度运营经费及其回收周期等问题，都建立在较为精确的系统全年负荷预期的基础上。

几种常用的载荷估计方式，包括房屋构造的经典计算公式、房屋构造的简约计算公式、通过软件仿真的逐时负荷因子法及通过历史数据的逐时能耗与负载分摊比率法。目前使用得较为成熟的方法是通过软件仿真的逐时负荷因子法及通过历史数据的逐时能耗与负载分摊比率法。

吴金顺教授利用 DeST 软件，统计了窗墙比、玻璃类型、墙体的传热系数等多种因素对冷负荷的影响规律，得出了冷负荷中关于各种因素变动的具体关系式。根据上海市某能源中心建设项目的具体情况，利用国际中央空调负荷测算软件 HDY－SMAD 和 DeST，对功能区的设计空调冷暖负荷和全年中央空调冷暖负荷均做出了预估。使用 DeST 软件，对北京市区内的某办公区和五星级酒店开展了冷热用电负荷动态仿真试验，并对其在每年逐时、每个月和典型日期的负荷与热电比变化情况做出了分析及总结。根据对建筑物冷热用电负荷研究的技术基础，运用了我国三联供设计手册中的有关数据，采取了逐时能耗与负载分摊比率法，以酒店建筑物为主要调研对象，模拟了该酒店的全年逐时调节冷热用电负荷。

在热载荷解析方面，通过对商业、写字楼和宾馆等三类不同用途商业建筑物的冷热用电负荷情况开展调查研究与测量，制图得出了典型日负荷曲线与全年的延时热负荷曲线，并对其负荷规模、变动范围、规律性及其变化的一致性做出了解析。数据分析结果显示，在建筑负载特点的基础上设计的综合能耗控制系统和常规系统，比较具有节能效果和经济性。

三、综合能源管理系统评估方法

由综合能源管理系统向使用者进行供能，但在使用者负载需要发生变化时，出现了使用者负载的热（冷）电比与控制系统热（冷）电比具有不一致性的实际问题。从满足用户负载需要的视角出发，有四个常见的控制系统配置方式：采取补电子系统集成教学方式、采取补热子系统集成教学方式、电—热切换集成化教学方式或者采取储能手段的集成化教学方式。当热能比相应较小或使用者电负载超过原动机输出功率时，可采取并网补给能量或利用可再生能源补给电力。当综合能源管理系统的供热容量无法满足用户需要时，采取补热子系统供热。另外，当用户热（冷）电比超过控制系统最大输出比时，可通过电—热切交换系统，使热能需要转化为用电需要。在用户要求出现峰谷差时，将储能方式手段导入综合能源管理系统，可有效减少因非同步供应引起的供求矛盾，并增强系统变工况调度能力。

按照与公用供电网络连接方式的差异，可分成以下三类分配管理模式：孤岛运营管理模式、并网不上线管理模式、并网上网管理模式。在孤岛运营管理模式下，当综合能源管理系统处于单一的运营模式时，在公用供电中间不架设连接线，特别适合于拥有大量风电或太阳能等可再生能源区域，并为公用供电网没有覆盖完全的地区，提供了多种能源保障。在并网不上线管理模式下，即热发电全部自用，不足时再向公用电网购买，该模式已被应用于大中型工业园区、新建居住区及医院等人流量较大的场合，是较为经典的冷热电联供体系使用模式。在并网上线管理模式下，不仅可以直接向电网购电，而且可以把富余电量卖给国家电网以获得利润。这些模式对电力效率、稳定性和安全性要求高，其系统方案设计也相对烦琐，实际供电系统工程中没有得到广泛应用。原动机及发电单元均为综合能量控制系统的核心部件。为满足更多能量控制系统所设计的技术性指标，必须小心选用原动机的种类和容量。分布式冷热电联供体系中各种类型的原动机的应用特点，并提供了经典的应用例子。在产品设计的前期阶段，为原动机的选择提供了前期依据。

常见的原动机种类主要有燃气内燃机、煤气轮机、微型燃油轮机、燃料电池、光伏电池、风力发动机等。内燃机将汽油和压缩空气投入汽缸后产生混合压力，然后点燃并引其爆裂，形成的高温高压燃料气体膨胀带动气缸磨损做功，再利用气缸的连杆机构和曲轴旋转等原理驱动涡轮发电。内燃机的发电效能较高，输出功率范围广泛，环境适应性能较好，构造简单致密、尺寸小、材质较轻，启动转速快，运行方便、保养简便、检修期间隔长。

燃气涡轮发动机和微型燃气轮机由压气机、透平发电，升温工质的设备（点燃室）系统及一些辅助装置等构成，压气机为燃烧器供给高压室内空气，油料在焚烧室内爆炸释放出的热量进一步升温室内空气，形成高温和高压气体膨胀做功，使热能转变为机械功率。目前燃气轮机技术已经成熟，商业化运用范围广泛，效率高、体积小、产品质量轻、摩擦部件数量少、震动小、噪声低、对环境污染小。

燃料电池使能源中的化学物能经过化学反应后直接转变为能量，不经历燃烧步骤，也不受卡诺循环效果的影响，因此效率较高；没有机械传动部分，也没有噪声。虽然目前的电池大多应用于传统发电，但在冷热电联供系统中并没有大量应用。

光伏电池将太阳能转换为直流电能，无污染，不受资源分配区域的影响，可从用户侧就近发电；缺陷是受气象条件影响，电能传递不平稳。光伏电池适合在照明资源丰富、传统供电连接困难的地区。

风能发电厂可以把风力转换为电力，好处是电力洁净、环保效果好，但弊端是噪声太大，且对风场选择的条件较高，发电质量不稳定。适宜在风力资源丰富、人数稀少的地方。

吸收式制冷机利用烟气或热水驱动，再利用溴化锂或氨水等加热冷却按加工品质冷却，是工业余热再利用中常用的冷却装置。

余热燃烧锅炉运用工业生产流程中形成的余电，或可燃物质焚烧后所形成的热能将水加热，进行工业使用或采暖。包括了一般型与补燃型，一般型余电燃烧锅炉与热交换器结构相似，不具有燃烧过程。

热泵技术是指采用较低品位热能资源，可供暖而又能冷却的高效率节能的空调工艺技术。在冬季时，可利用热泵机组将户外热能送入室内供暖，而夏季时则可将室内热能送入户外降温。按照热源的不同类型，可把热泵技术分成空气源热泵技术、地下水源热泵技术、土地源热泵技术、双源热泵技术等。热泵技术特别适合用在具有常年恒温冷电阻热源的地方。

第三节　综合能源管理技术的建设与优化

初步设计以后，必须对系统进行优化。对系统优化能够显著提升设备利用效率、系统经济性及环境效益。优化一般包括原动机的类型、容量，系统的运行策略等。同时，随着当前信息技术应用水平的提升，大数据融合技术在综合能源管理的优化中扮演了越来越重要的作用。

一、综合能源管理系统运行策略分析

综合能源管理系统的执行策略，会直接影响综合控制系统的整体性能。

（一）以热定电

将系统原先满足的供热需要，所产生的电能直接供应给用户，而一旦电力不足或过剩时，则由供电企业补充或上网售电。

（二）以电定火

系统首先确保满足用户的供电需要，将产生的热能直接供应给用户以满足热需要。如果热能不够，则使用锅炉发展补燃；如果热能过剩，则丢弃或使用一个储能贮存。

（三）连续运营

供电系统必须在预定时期内连续工作，不考虑能源需求的变动，这种运营策略很适合于在原动机上不可以灵活调整电量的状况，一旦供电系统所生

产的电力能达到覆盖用户的要求后，其多余电量可以长期上网，相反，可长期向电网购电。

（四）调峰运行

控制系统只在负载峰值阶段工作，以减少用能尖峰阶段向电网购得的电力。热能传输和燃油消耗量工作方面，分析了以燃气轮机为原动机的联供控制系统在“以热定电”和“以电定热”两个常见操作模式下的特性差异。

二、综合能源管理系统优化

在实际工作现场收集并获得的工作数据通常更精确、真实，同时基于这些数据做出的最佳优化也比较安全，但是获取实际工作数据往往必须耗费巨多的时间并需要以巨大的运算费用为基础，而且还不得不对具体的某个信息系统展开深入研究。采用瞬态模拟方式对系统加以综合优化，由于效率高，时间耗费较少，且控制系统的工作条件（包含原动机类型、容积、本地天气等）变化较简便，所以目前大多数的现有研究方法都通过计算机模拟对多能控制系统实现了综合最佳优化。比较常见的综合优化计算有混杂整数线性规划法、混杂整数非线性规划法、随机优化法、遗传算法等。

（一）设备容量优化

MRM（核磁共振成像）方案虽然在选择综合电力网络时简捷方便，但由于仅顾及了对使用者的负荷要求，而不能兼顾设施成本、运营费用等各种因素，所以必须对多能联供网络做进一步优化。

采用了 MRM 的遗传算法以优选方式对综合能量体系加以优选，优化主要变量为原动机容积、热电制冷技术比系数、太阳能光热发电面积占比；可较大幅度提高能源利用效率。

将以联合供电系统净年值最大为优选目标，构建联合供电系统装置优选模式，对各自配备两个额定发电功率的燃气内燃机发电机组的联合供电系统实行技术经济性比选，以确保电气设备的最佳容量。运用解析法，根据在各满负载区段发生的频率数情况，可以得出在各种容积匹配方法下的装置年等效满负载运转时间和相对收益率，从而利用比较净现值确定了燃气三联供与热泵装置之间的最佳容积匹配方法。估算系统综合效率的量纲表达式，分析各种影响因素和系统综合效率之间的关联。以投入和运营成本最小化为优选目标，引进了环保条件与风险价值作为风险亮度的指标体系，构建了基于环保资本理论中涉及投资风险量度因素的虚拟电厂容量优选配置模式，并深入研究了风险偏好、环保效率资源及负荷因素对虚拟电厂容量选择的负面影响。以国内某区域的风能、光、电价和负荷数据为案例进行仿真，可以为投资商在大规模建筑时处理更多能源容量分配问题提供重要依据。

（二）运行策略优化

按电力、烟气、蒸汽、水能和空气等五种主要电能输送类型进行划分，并通过集中母线的方法建立基本构架，对所有装置进行建模，形成了冷热电联供微网系统中动态经济运行调节的零负一混合或任意整数线性规划问题模式，并通过调整网络系统中的各种装置工作方法与工作状态，以实现系统经济运行。对采用光伏电池、燃油动力电池和蓄动力电池的住宅能源管理系统列为主要对象，并采用混合整数线性规划理论建立运行环境优化的数学模型。模型将年运营费用最小化为目标函数，以能源供需平衡和设备容量为约束条件，并利用 LINGO 软件进行模型求解以得到年运营费用最小化的运行策略。对针对工业设备综合能耗系统，提供一个同时兼顾冰蓄冷空调多个模式的多能协调综合优化模式，以综合日运营费用最低的综合优化工作目标构建综合优化模式，并针对工厂设备与模式的差异，给出较为精准的优化对策。构建一种在调度时间内，完成对功能设备出力组合比例的最佳优化运行决策的数学模型，优化目标是在调节时间内供能发电机组的总出力比例和全时间负荷需求比值，并采用软件程序解决混合整数规划问题，其计算采用遗传算法，以此达到在调节时间内最经济的运行方法。

（三）设备容量与运行策略协同优化

以年费用最小为目标函数，对系统构建混合任意整数非线性计算，并通过 LINGO 软件用分支界定法，根据顺序线性计划得出对各个区域内各种建筑最优预测的系统组态与执行决策。对微型内燃机与地下水源热泵所构成的复合供能体系，以年总成本和天然气年均节约率为主要优化目标，对系统在经济运行最优预期、以热定电和节能最优预期三种运营策略下的优化选择与运作规律，展开研究。设计三级协同整体的优选方案，第一级以年一次能源使用率最大为目标求解最优预测装置选型问题；第二级以二氧化碳排放量最小为目标求解最优预测装置容量问题；第三级以年运营成本的最小化为目标，可解决最优运营参数问题。采用生命周期法，以传统系统为参照对象，构建能耗、环保和经济性的多目标优化模式，对联供体系的设备容量和运营策略都可实现优化。以某综合办公楼为例，解析在不同目标函数下的资源分配方法与运营战略。设计一个既可以综合利用太阳能光伏与光热，且又同时能够适应城市冷热用电需求的联合供电体系，并通过判断矩阵法把能量、环境、经济评价等三项指标综合为一种综合评价指数，在以热定电和以电定热的两种运营方法下各建立三种运营控制策略，并分别对系统进行容量选择与管理策略上的优选。

以燃气轮机容量为优化变量，以多目标评价指数为目标函数的系统最优预期运行决策模型，利用对南方区域某地日逐时负荷进行的算例数据分析，再通过模型搜索算法求解得出了基于负荷特性的系统最优预测容量配置，以及相应的运营对策。

微网优化方面，利用燃气轮机、风机光伏技术、燃料电池和储能设备等的数学模型，以系统经济性为优化目标，对冷热电联合供应体系开展了优化选择和优化运营研究。研究成果利用粒子群算法求解，得出了三种运营策略下系统的分配结果，包括多种能源的冷热电联供微网系统运用机会约束规划理论构建的经济运行优化模式，提供了一个采用随机过程建模技术的粒子群优化计算求解模式，并通过各种类型的原动机选择，对运行方案加以优选。

三、信息平台大数据分析优化

大数据的“大”主要体现在两个方面：一是指数据处理能力“大”到一定程度，可全面表现数据所描述事物的特性或某种规律；二是指数据的规模和复杂程度“大”到传统的信息处理技术、数据分析技术手段已无法适应要求，因此必须引入大数据处理技术手段。从大数据的含义出发，大数据分析的核心概念是利用范围更广、变量更大的数据，了解事件的实质变化规律与趋势。因此在不同类别的大数据分析中，迅速获取最有价值信息的能力，便是大数据分析技术。

综合能源业务体系，包括分布式能源、清洁燃料、新能源、储能等各种能量供应方法，以及不同用户的用能体验，因此搭建现代能源管理平台可有效地对综合能耗体系实现更全面的控制优化。

综合能源信息服务平台构建综合能源的监测收集体系，系统进行综合能量信息检测与展现，通过采用多层级、分类别的方法部署多级采集模型和关键数据收集技术，监控范围内电力、煤气、冷、热、水等的主要能量状况和管网情况、公用建筑等多元用户的用能状况等，并采用能量均衡、效率比较等多维度指标分析方法，对综合能量系统实施优化调整。多能量优化调节与控制是实现综合智能化能源控制的最核心功能，它在兼顾系统经济运行条件与使用者生活舒适度相互约束的基础上，通过利用电力、燃气、冷、热、水等系统的优化转合，调整能量供给的最优化，以提高能量调节的及时性、可靠性与安全性，从而达到对分布式网络结构能量的有效吸引、对峰谷电价的充分利用、减少负荷峰值、提升能量的利用效益。

（一）智能物联采集平台

综合能源信息数据收集系统综合利用了计算机科学、控制、通信和互联网等信息技术，重点任务是对综合能源管理系统内的分布式网络结构光伏、风力发电、煤气、热机、储能、采暖系统、供冷、充电桩等控制系统，进行监测控制点、各种流程和装置的信息数据收集，以及对本地或远程设备的自动控制状态、在生产过程中的全面信息监测等，为安全生产、资源调度优化和故障诊断工作提供了必要和完整的信息手段。

（二）信息数据采集平台架构

信息数据采集平台，主要功能是汇集综合能源各子系统执行器、传感器等重要装置的工作状况及相关数据，与各子系统的本地管理系统、重要设施等互相配合。

1. 感知层

感知层一般给出分布式发电控制系统、煤气热机系统、储能控制系统、供暖控制系统、供冷控制系统、储能站控制系统、小区居民用户、大用户等控制系统中关键电气设备的关键技术参数，如中央空调、照明、空气能热水器、分布式储能系统、分布式光伏发电的逆变器工作参数和运转状况、气冷机的供回水温度和功率情况等。具体的监测控制点则为各种受控装置及各种自动控制的电气器件，如传感器测量器件、电动阀、系统控制箱、自动变频器等。各类测量器件犹如分布在人体中的神经网络，可以准确、及时地感受系统工作的细微变动，将各个关键测控节点的实际数值，以电流或压力等信号经由弱电部分控制系统，传送至 PLC 控制系统中的输入/输出模块，而控制系统的中枢神经与 PLC 中的 CPU（中央处理器）模块利用系统内部的监控软件，可比较出实际数值和方法与目标的差异值，再利用如比例积分（PID）运算、延时算法等的自动控制算法，估计各执行机构所实施的动作数量及其动作变化的幅度，最后再利用传输模块将测控进度与计算结果回复到网络层。

2. 网络层

网络层综合利用了计算机、控制技术、通信系统和物联网技术，对综合能源管理系统内的主要设施及各子系统实现了自控网络连接，并将有关数据即时精确地传送至监测平台。区域内通信系统以 RS－485/PLC 为主，从应用系统到能源管理集中器，通信以 RS-485/Zigbee/WiFi 为主，从能源管理集中器系统到综合能源服务管理系统，通信以光缆专网及现场总线等为主，但考虑到负荷收集与管理用的设备涉及客户信息系统，因此必须先对数据加密再进行传送。

3. 平台层

数据分析网络平台通过统一信息资源技术标准，建设多层次数据库系统，扩大数据分析来源，采取不同的手段汇总数据分析，这加大了数据分析力量，进一步增强了监控预警的准确度和有效性，为国家安全生产计划、调度、管理优化和重大故障诊断工作奠定了必要和可靠的数据分析基础。

① 预留端口，以支持各子系统间各类数据信息的上传输入与管理。将现在相关能源运营及服务系统中的高效历史数据和时间数据分析，通过采用上传数据文件至服务器、数据分析并获取的高效历史数据输入服务器信息库等方法采集，并在本平台上应用。

② 支持外接数据的上传输入与处理。可采用同样的方法采集各检测机构的数据，并在本平台上应用。

③ 支撑非结构化的能源数据管理，如搜索引擎数据分析、社会化媒介数据分析、地域空间和音视频数据分析等。

（三）大数据信息处理及分析技术

综合能源管理是将能源生产、物流、消费体系与信息交流体系融合的复杂体系，通过信息收集、预处理技术、信息贮存与信息管理、大数据分析与数据挖掘分析等可视化技术，与人工智能、机器学习技术等相结合，将在未来发展综合能源中起到巨大的作用。从宏观来看，人工智能不仅仅是指一种数据分析集合体，也是指以这种数据分析集合体为主要对象的一种综合性科技，还是指传感与量测科技、信息交流科技、计算机系统科学研究、数据分析挖掘技术等与应用领域科技的融合。大数据是指数据处理的质量和复杂程度已经进一步快速发展到了一定发展阶段的新产品，是对原有的数据分析发现、统计分析等技术手段的延续乃至升华。

（四）大数据分析技术在综合能源管理中的运用

利用大数据分析技术查询综合能源管理系统范围内燃油、电力、供冷/供热、水/热水等能源子系统生产状况、运营情况等；从经济、高效、发展、绿色、智能、交互等多维度，对区域能源结构进行全面系统分析研究。以经济发展、环保运行为前提条件，利用企业协同调控资源，进行分布式光伏网络结构的高效利用、高峰谷电价的合理利用、低负荷峰值和各种能源类型的耦合互补与最优流转，实现多能流的安全、高效率运营，协助综合能源管理系统运营商实现最高效益，为海量的终端用户建立“互联网虚拟能源管理中枢”以提高运营水平和竞争性，为决策层提出专业性、可视化、智能、交互化的综合性能力架构决策支撑。大数据分析技术在综合能源服务中的运用简介如下。

1. 多数据源融合

综合能源管理供应商在管理系统上，必须与内部分散自主和综合协同的管理模式结合，因此公司必须对大批翔实、可靠的信息系统资源加以有效管理，一旦缺乏全方位的信息系统资源将会导致公司决策的偏离、失败和效率的下降。具体来说，在综合能源管理中，不但涵盖了区域内外关于电力及其他能量相互平衡的数据，还涵盖了大批关于分布式源、多种形式能量转化与存储等的数据，从而构建起了各类能量一体化数据融合体系，并运用大数据分析技术实现数据分析和决策支持，有助于有效保障系统的智能、安全生产。

2. 先进的数据处理技术

综合能量生成、传递与消费瞬间实现，需要依靠有效的数据处理能力，达到真正的综合能源供需平衡。计算分析过程中不但涉及了负荷预测、能量平衡等内容，也需要考察各资源的灵活配置、分析方案是否符合调峰/调频的能力，最后还必须进行安全稳定校验，并进行可视化显示，还需要极强的信息化管理能力等。在整个工作流程中，需要通过高效的数据处理预知与监控消费者的供求变动，以及极端不平衡的能源产品供给变化趋势，同时需要配合下级能源管理单位进行能量的合理分配和整合等。

3. 数据驱动的分析方法

综合能源管理比传统智慧电网更具有复杂性和开放性，且受到更多外部因素的影响，一些关联关系已经无法用物理模式加以说明，因此大数据挖掘中更多地引入了数据驱动的关系分析，可以视为对物理模型分析的补充。数据驱动分析模型是指运用统计理论，分析数据之间蕴藏的规律性。而针对具有间歇式能源的动力系统运作方式的安全校验与评价，数据驱动的分析具备了如下优点。

① 直接利用分析数据的相似性，而不是建立物理模型来描绘态势，从而减少了因为电网拓扑构造的复杂、器件多样、可再生能源和柔性负载的可调性及不确定性而造成的无法构建或模型不精确等问题，从而极大地降低了对硬件资源的需求，增加了数据分析的准确度。

② 采用大数据与高维的关联性而不是因果性来说明问题，对事物之间的关联性进行定性的划分，就可以直观确认出现故障或事件的根源，从而防止因为系统不确定性、偶发性或多重复杂性递推关联，而产生因果难以描述的问题。

③ 强大的数据处理的分析方法如随机矩阵方法，能够把影响因素、状态量、历史数据等与实时数据处理方法综合到一起分析，并能够在计算层次上和并行计算或分布式计算直接融合，有效处理“维数灾难”的问题，从而减少了计算资源。

第六章 双碳目标下网络数字化技术的发展

第一节 瞄准数字能源，开辟“双碳”发展新赛道

能源是经济增长的关键要素之一，能源是一个广阔的领域，希望通过对数字能源的研究，推动我国数字能源产业高质量发展。

一、推进数字能源是绿色低碳发展的时代要求

生态文明和信息文明是当代两个重大时代主题。在新的生产力条件下，实现人与自然和谐共生，探索一条人类可持续发展道路，是发展的历史潮流，数字经济和生态经济都将是未来经济增长的重要引擎。

生态文明建设是关乎中华民族永续发展的根本大计，是“国之大者”。党的十八大以来，把生态文明建设纳入“五位一体”总体布局，强调把生态文明建设放在突出地位，融入经济建设、政治建设、文化建设、社会建设各方面和全过程，确立了包括绿色发展在内的新发展理念。党的二十大指出：“中国式现代化是人与自然和谐共生的现代化”。对“双碳”工作做出全面部署、提出明确要求，要求“加快发展方式绿色转型”“积极稳妥推进碳达峰碳

中和”。

二、数字能源是节能减排减碳的有效抓手

要想从根本上解决“双碳”问题，关键在于促使供给侧使用零排放能源，采用零排放生产工艺。2016 年，国家发改委发布了《关于切实做好全国碳排放权交易市场启动重点工作的通知》，将石化、化工、建材、钢铁、有色、造纸、电力、交通运输中的航空列为重点排放八大行业。2017 年碳排放占比最高的是电力，主要是火电，其碳排放占比从世界平均看是 41%，中国电力行业的碳排放占比比世界平均水平还要高，大概是 52%。从中可见，电力行业降碳是实现碳中和供给侧结构性改革的有效抓手，现阶段重点支持的领域应该是电力行业以及其他行业的数字化能源转型。

实现“双碳”目标是一场广泛而深刻的经济社会系统性变革，在应对我国能源消费将持续增长中，应坚持系统思维，系统治理，统筹有序处理好发展和减排，整体和局部，短期和中长期的关系，处理好减碳减污与能源安全、产业链供应链安全的关系，实现“双碳”目标要不断完善数字能源产业创新政策，筑牢能源安全基石。

三、做好数字能源产业创新

信息时代，数字化是潮流也是趋势，数字化为经济赋能为发展助力。党的二十大报告强调“加快建设网络强国、数字中国”。2023 年 2 月 27 日发布的中共中央、国务院印发《数字中国建设整体布局规划》，指出建设数字中国是数字时代推进中国式现代化的重要引擎，是构筑国家竞争新优势的有力支撑。加快数字中国建设，对全面建设社会主义现代化国家、全面推进中华民族伟大复兴具有重要意义和深远影响。我国产业结构正在经历深度调整，《数字中国建设整体布局规划》的实施，必将助力数字化浪潮向更大范围、更高层次、更深程度拓展，将为数字能源开辟发展新领域新赛道，不断塑造发展新动能新优势。

数字能源产业创新，要探讨做好研发、融合、创新工作。要进一步加强数字经济相关的基础理论与核心技术创新研发投入，提升数字能源核心竞争力；要加强数字技术和能源产业领域的交叉融合，实现多技术协同效益递增，进而引领技术变革和产业升级；要密切关注数字经济市场前沿动态，深入研究人工智能对未来能源的影响，推动数字经济发展模式创新，提升能源生产和消费效率。

四、数字能源转型关键在人才

二十大报告将教育、科技、人才一体化谋划、一体化部署，强调“教育、科技、人才是全面建设社会主义现代化强国的基础性、战略性支撑。必须坚持科技是第一生产力、人才是第一资源、创新是第一动力”。这是在更高起点、更高层次、更高目标上对人才强国做出的顶层设计，为加快建设人才强国锚定了新坐标、树立了新标杆、描绘了新愿景。

“人才是第一资源”在数字能源产业发展上反映更为真切。数字能源体现着数字化、绿色化的基本特征，体现了新一轮科技革命和产业变革的特征，根本上是一场巨系统的创新。“人才作为第一资源”的本质属性是创新性，创新性反映了人才的素质和劳动的特点，其中包含了先进性、时代性、层次性和时效性。从实践中来看，我国进入创新型国家行列，载人航天、探月探火、探海深地探测、超级计算机、卫星导航、量子信息、核电技术、新能源技术、大飞机制造、生物医药等取得了一系列重大成果，这都取决于人才队伍的不断壮大和创新作用的有效发挥。

当今世界，无论是科技竞争、企业竞争，还是综合国力竞争说到底是人才竞争。人才竞争是综合国力竞争的核心，哪个国家拥有人才上的优势，哪个国家就会拥有实力上的优势，综合国力竞争离不开强大的人才支撑。人才资源作为创新活动中最为活跃、最为积极的因素，对于建设创新型国家具有重要支撑作用。

目前，我国人才和人才工作与经济社会发展需要还存在着不适应不协调问题，其中，最突出的一点是人才供需缺口巨大，数字能源产业作为新兴产业，人才供需缺口更是突出。无论是人才供需失衡，还是人才与岗位能力不适配，都会对数字能源工作的顺利开展产生不良影响。为此，要瞄准数字能源科技前沿，开辟发展新领域新赛道，不断塑造发展新动能新优势；主动抢占人才制高点，以数字能源重大项目和关键任务为牵引，多渠道培养、吸引和交流各层次人才，建设完整的数字能源人才梯队，推动数字能源产业高质量发展。

第二节 基于人工智能与大数据的双碳信息化应用

我国承诺二氧化碳排放力争于2030年前达到峰值，努力争取2060年前实现碳中和，这一双碳目标的实现需要大幅减少化石燃料燃烧导致的碳排放。产生化石燃料碳排放的人类活动一般也形成不同比例的大气污染物排放。由于污染物与碳排放的同源性，双碳进程中大气中的二氧化碳与污染物如气溶胶、臭氧等将相应的协同变化，形成这一历史进程的双碳大气环境。我国大气环境治理实践表明，通过监测大气环境变化，对人类活动进行科学管理，可助力实现空气质量改善与美丽中国目标。类似的，碳环境变化监测有助于开展面向双碳目标的碳管理，而双碳大气环境变化监测有助于实现对碳排放与污染物排放的协同治理。由此，我国二十大报告明确提出减污降碳协同的工作任务，政府间气候变化专门委员会（IPCC）也于2019年提出通过大气浓度观测验证国家温室气体排放清单的排放核算结果。可见，双碳大气环境已经成为美丽中国建设和双碳目标实现的一个重要的研究领域，需要掌握空气质量与温室气体的变化规律，研究相伴随的一系列生态环境问题，需要通过双碳大气环境变化监测，实现双碳大气环境的科学精准治理。

双碳大气环境的科学精准治理本质上要求对双碳大气环境变化规律的掌握与模拟，这意味着需要具备对排放规律较为全面的刻画、对排放—浓度因果关系的准确溯源、对双碳大气环境变化的准确预报以及对污染物与碳排放基于科学计算的优化调控。在大气环境领域，这可借由大气化学传输模式完成。该模式通过刻画大气物理化学规律的反应—扩散偏微分方程的数值求解，集成污染物排放、理化机制、气象条件等信息，预报未来大气环境变化。大气化学传输模式既能融合排放、气象、浓度等治理相关信息，又能提供预报溯源服务，故而成为大气环境信息化与数字化治理的核心。大气化学传输模式的研发，多从20世纪末开始，逐渐形成大气环境分析、预报、治理的技术体系。这些模式多基于高性能计算环境，业务化运行于我国省市生态环境相关部门，构成我国大气环境治理数字化操作系统的CPU，形成大气环境领域基于数值模式的传统科研范式。

大气环境基于数值模型的研究范式存在一定的局限性。首先，大气化学传输模式的不确定性较大，输入模式的清单排放、气象条件等数据本身存在较大不确定性，以及大气化学传输的理化机制（如新粒子生成、二次气溶胶化学机制等）复杂甚至未知。其次，模式计算量巨大，相关应用如集合预报、污染物来源解析、模式数据同化融合等，更需十倍乃至百倍以上的模式计算量，制约了模式计算作用于实际。再次，大气化学传输为多尺度现象与机制，传统模式多基于给定时空分辨率（如小时—公里级）计算，无法从第一性原理角度表示多尺度大气复杂系统。针对双碳大气环境的模式研究，尤为困难。第一，时间尺度的延长，双碳进程是十年、百年尺度过程，而大气环境治理相关模式计算多为日、周、季节尺度。第二，双碳进程还涉及生态系统的模拟，考虑气候变化等因素影响，研究人与自然相互影响的系统。第三，双碳治理的指标是碳通量与碳排放，而非大气浓度，这对碳通量与碳排放的建模与估计提出了更高的要求。

近年来，人工智能与大数据技术的发展为双碳大气环境研究带来机遇。人工智能在地球与环境领域已形成大量应用，突出表现在数据驱动的物理机制学习可突破多尺度表征、复杂物理刻画等难题。同时，人工智能的深度神经网络结构计算效率和传统偏微分方程数值求解相比大为提升，这为集合预报、过程分析与优化控制等需要大规模数值模式测算的应用带来新的解决方案。结合大数据技术，可以为污染物与碳排放建立突破传统时空尺度的模型，大幅提高排放的刻画能力与调控时空分辨率。双碳大气环境领域的研究，有从基于数值模式的传统科研范式向与人工智能与大数据深度融合新科研范式转变的趋势。

一、双碳大气环境信息化应用进展

2021 年，两位气候学家——真锅淑郎（Syukuro Manabe）和克劳斯·哈塞尔曼（Klaus Hasselmann），因其在“地球气候物理建模、可变性量化以及全球变暖可靠预测”方面工作而获 2021 年诺贝尔物理学奖，他们在复杂系统规律发现和模式发展的贡献方面的奠基性工作，开辟了大气物理复杂系统基于动力学的地球系统与数值分析科研范式，即理论研究—观测实验—数值模拟范式。

双碳大气环境领域研究也遵循传统科研范式，其核心为刻画大气物理复杂系统的偏微分方程组及其数值求解，即化学传输模型（Chemistry - Transport Model，CTM）。围绕这一核心工具，可以建立起一系列信息化应用。

CTM 是在排放模型和气象模型基础上，通过数值求解描述大气污染物、痕量气体等大气成分在大气中的生成、传输与扩散等理化过程的偏微分方程组来模拟和预测其变化。

围绕 CTM，一系列信息化应用得以建立。首先，基于 CTM 的大气污染浓度变化的过程分析与来源解析等，即基于 CTM 模拟大气污染物的形成、发展、传输与消散等过程，预测污染物浓度随时间的变化趋势，并定量解析各地区、各行业排放对污染的贡献占比。其次，可基于资料同化手段融合观测数据，优化模式预报初始场或构建更精准的再分析数据集，包括最优插值、集合卡尔曼滤波等手段。集合预报则为大气混沌系统的预报提供了优化方法，即通过随机扰动初边界条件、模式参数、源排放等获得一个大气污染预报集合，并综合出一个更准确大气污染预报结果。最后，源排放的反演与控制对于双碳研究与大气环境治理也至关重要，可基于 CTM 模拟温室气体或大气污染物从排放到浓度的非线性映射关系，并利用同化反演算法融合观测数据蕴含的排放信息，实现源排放的优化或设定目标浓度开展源排放控制研究。

然而，过程分析、来源解析、资料同化、集合预报等信息化应用均带来了更大的计算代价。CTM 预报涉及的数值模型理化机制、源排放、气象场存在难以忽视的局限性，导致预报存在较大不确定性，且其具有多源、多尺度、非线性特性，如城市大气污染是在全球本底、区域传输和本地排放等各个时空尺度复合而成的大气复合污染。此外，碳或大气污染源排放的反演与控制问题的高维非线性、多尺度、不适定性等特性则导致其落地应用存在理论与计算障碍。总的来说，传统双碳大气环境研究方法的局限性在于难以准确地从大量数据集中探索复杂的高维和非线性关系，缺乏灵活便捷的多尺度框架，导致双碳研究和大气污染治理存在数据与信息化瓶颈。

二、人工智能与大数据在双碳大气环境信息化中的应用

人工智能（AI）技术和大数据信息技术的发展为突破双碳大气环境的数据与信息化瓶颈提供了机遇。双碳大气环境领域中，各类传感器能够从全局、局地、垂直等各种角度观察地球大气，包括我国国家、省、市、县四个层级的 5000 余个站点常规监测数据以及激光雷达、卫星遥感等非常规观测。海量多源异质数据中蕴含着数值模式难以刻画的多尺度物理过程，与数值模式结合可形成用于双碳大气环境研究的大数据集。总体说来，双碳大气环境领域数据具有大容量、高速度、多样化和真实性四大数据特性。大数据信息技术能够有效整合海量多源、多尺度数据，提取有效信息与知识，支撑科研创新效率与知识发现效率提升。此外，AI 技术的发展，能够从海量数据集中习得蕴藏的物理规律，尤其是深度学习（Deep Learning，DL）模型，目前在地学研究中已实现广泛应用，对于传统地球物理模型难以准确刻画的数据时空多尺度特征，AI/DL 能够实现有效学习与表示。DL 模型的数据驱动特性使其能够从海量数据中自动刻画数据隐含的物理规律，适用于大气科学中领域知识

有限、缺失但数据丰富的科学问题研究；同时基于连接主义的多层级结构则有利于数据的跨尺度学习与表示，能够在高维空间以神经元与权重连接的形式从海量数据中跨尺度搜索数据间的映射关系；最终端到端地实现应用，减免了需要大量领域知识的特征工程等工作，支撑双碳大气环境自动化、信息化应用。

（一）人工智能技术应用

目前AI/DL技术在双碳大气环境领域已有较多应用，主要是利用AI/DL模型的高维多尺度非线性拟合能力以及新计算架构的高效计算，寻求数据、模式与算法多重突破。在大气环境研究中，大气污染的预报是最重要的科学问题之一，目前已形成大量工作。

然而，当前AI/DL在双碳或大气环境领域的应用尚未形成有效结合，且信息化、业务化程度较低，主要是特定数据集上的探索研究，还需要面向双碳大气环境协同信息化应用探索发展。

（二）大数据技术应用

大数据技术在双碳大气环境研究中的应用目前主要集中在碳与大气污染排放清单编制信息化建设方面，国际上早已开展了相关研究建设，如美国、欧盟等。目前，国内的清单编制信息化研究也已有一定进展，但仍处于起步阶段，信息化与数字化程度有待提高，国家和地方之间、各部门之间未形成统一规划。此外，双碳大气环境大数据不应仅包括清单排放编制，还需要有效整合监测、模拟等各类多元异构数据，建设开放互连、共享集成的大数据科研环境，弥补双碳研究与大气环境治理之间的数据割裂，支撑减污降碳的协同治理。

三、基于人工智能与大数据的双碳大气环境信息化应用展望

针对领域瓶颈问题，未来基于人工智能与大数据的双碳大气环境信息化

应用发展应立足核心算法不足与信息化集成系统缺失现状，统筹领域创新要素，在核心技术上寻求突破，设计集成信息化系统架构，面向国家与社会需求，提炼领域应用场景，搭建新型信息化应用系统，建设双碳大气环境应用体系，以实际应用驱动原始理论创新与核心技术突破，促进从数值模式向与人工智能、大数据深度融合的领域科研范式变革。

（一）核心技术突破

基于人工智能与大数据的双碳大气环境信息化应用的核心技术突破是深度融合人工智能与大数据技术，实现大气化学传输模式从偏微分方程数值求解向深度网络融合计算的升级换代，需要基于人工智能、大气科学、环境科学多学科交叉，从“监测实验—模式研发—模拟应用”的传统科研链条向“数据集建设—深度学习训练—信息化集成与应用”新科研链条转变，分阶段逐步实现传统数值模式的升级换代。

首先，可对数值模式核心模块做部分替代。化学模块是大气化学传输模式的最重要模块，涉及气相、液相、非均相与气溶胶等化学机制，化学反应物种众多，反应时间快慢不同，系统呈现高度非线性与刚性，需迭代求解，并行计算困难，是大气化学传输模式中耗时最多模块。当前对化学模块的人工智能替代研究，还未能实现全物种仿真复现，替换模块与数值模式还需耦合，并且考察长期模拟的稳定性与准确性。其次，大气化学传输模式的不确定性，来源于排放、气象、理化机制等诸多方面，整体导致模式的误差与偏差，影响预报的准确率。碳传输模式不仅存在类似问题，此外还伴随着生态系统过程机制复杂、气候变化影响机制复杂等难题。基于双碳大气环境大数据，利用深度网络的表示学习能力，可以在数值模式的基础上，学习多尺度大气化学传输复杂物理过程与模式不确定性，与原数值模式融合形成大气化学传输混合模式，实现不同尺度的偏差订正与预报，乃至跨尺度学习形成无缝隙预报。此外，还可借由大气化学传输的因果规律与各类完备物理数据（如排放、气象等），探寻针对习得的人工智能模型的可解释诠释。最后，当前人工智能大模型技术在各行各业的应用颇为迅猛，也为双碳大气环境领域人工智能模型发展提供了新的技术途径。可借鉴气象大模型、地球系统大模型的发展，研制双碳大气环境大模型。大模型方案可以形成替代数值模式的全连接主义模型，但所需要的训练数据量更为庞大，人类反馈与对齐等技术与学习机制等难题还有待解决。

通过部分替代、混合模式、大模型三个阶段，可完成数值模式的人工智能升级换代。大数据与人工智能深度融合的模型将类似于传统科研范式中的数值模式，在双碳大气环境信息化应用体系中起到中心作用，需围绕其设计信息化系统架构、建立应用体系。

（二）信息化应用系统架构

传统科研范式下的大气环境信息化系统是以基于高性能计算环境的数值模式为核心。但双碳大气环境领域人工智能与大数据相关研究，还未经由信息化系统集成，而我国生态环境部 2021 年开启的碳监测评估试点工作，对领域信息化系统与应用起到了促进作用。双碳大气环境信息化系统与应用目前还处于起步阶段，有必要开展架构设计，探索领域信息化未来发展路径。原则上，双碳大气环境信息化系统应有助于领域科研推进、有助于集成领域科研成果、有助于领域应用落地于实际。

（三）信息化应用系统与应用体系

基于人工智能与大数据的双碳大气环境信息化应用应面向美丽中国与碳中和国家需求，利用人工智能与大数据的新技术手段，提炼传统科研范式研究较难实现的领域应用。以领域应用为导向，可牵引领域人工智能融合替代模型与业务工具的算法突破。由于我国大气环境问题是区域大气复合污染问题，其解决有赖于区域大气环境联防联治。然而，联防联治所需的优化调控算法是偏微分方程约束下的高维非线性优化问题，全局最优解理论特性不明，数值求解的计算量过大，需应用人工智能技术创新最优控制算法。如双碳目标实现需要监测人为源碳排放的总量与逐年变化，然而在全球与区域尺度自然源信号远大于人为源信号，可探索利用人工智能的多尺度表示能力研制人为源与自然源排放区分算法。又如，工业园区的大气污染治理与双碳管理存在数据瓶颈与模拟难题，可尝试人工智能降尺度算法，实现其排放的在线监测与智能识别控制。

信息化应用系统开放架构，有利于通过数据与算法联动，促成领域算法创新与集成，建成基于人工智能与大数据的双碳大气环境信息化应用系统。采用开放架构，也有利于解决如异构计算架构、数据孤岛、研发与应用分离等信息化瓶颈，建成双碳大气环境大脑，将领域科技创新以数据与计算服务的形式开放给用户，解决领域实际应用的痛点与难点问题。通过应用方式创新，形成双碳大气环境信息化应用体系，通过应用场景导引，协同推进算法突破与信息化系统研制，将促进领域科研范式从数值模式向与人工智能、大数据深度融合的变革。

第三节　产业数字化绿色转型与低碳软科学研究

党的二十大报告中提出：要加快建设数字中国，加快发展数字经济，促进数字经济和实体经济深度融合，实施国家数字化战略。数字化绿色低碳发展是二十大报告中提出重要的内容。过去十年，我国生态环境的保护取得了巨大成就，国家经济实力快速增强，一些最重要的指标都有很显著的变化。在环境保护问题上，我国一方面对传统产业进行节能减排，另一方面进行绿色转型升级。比较有代表性的是我国的新能源汽车产业，经过十多年不懈的努力，我国新能源汽车开始发力，绿色纯电动汽车的销售量保持持续增加，在全世界电动汽车销售量市场份额不断增长。在产业绿色发展方面，保护环境和生态已成为长久的共同的愿望，无论是政府、市场还是社会，都在向实现产业绿色方向发展。

面对低碳绿色发展过程中大量未知和不确定的因素，我国企业产业转型仍然有很多地方需要探索。在国家顶层设计方向化的前提下，通过制度和政策鼓励地方、基层企业和个人发挥积极性、创造性，通过积极探索，找到有创意、可落地、能管用的政策和做法。2020 年，党的十九届五中全会提出，推动绿色发展，促进人与自然和谐共生。“十四五”规划建议从加快推动绿色低碳发展、持续改善环境质量、提升生态系统质量和稳定性、全面提高资源利用效率四个方面提出具体要求。2021 年 4 月 30 日，习近平同志强调，生态环境保护和经济发展是辩证统一、相辅相成的，建设生态文明、推动绿色低碳循环发展，不仅可以满足人民日益增长的优美生态环境需要，而且可以推动实现更高质量、更有效率、更加公平、更可持续、更为安全的发展，走出一条生产发展、生活富裕、生态良好的文明发展道路。要落实推动能源清洁、低碳安全高效利用，持续降低碳排放强度，要加强国际合作交育，要支持绿色低碳技术创新成果转化，支持绿色技术创新行动方案，推动产业结构优化，推动服务业结构调整，支持绿色低碳技术通网研发，绿色低碳政策体系完善，健全法律法规和标准体系，压实地方的主体责任，发挥好“软科学”研究的引领作用。“软科学”是现代自然科学和社会科学交叉发展而逐渐形成的一组具有高度综合性的新兴学科群，它综合运用系统理论、系统方法、决策科学与计算机技术等现代科学技术的知识手段，对各种复杂社会问题和自然现象，从政治、经济、科学、技术、教育等各个社会环节之间的内在联系中，研究它们的客观规律，寻求解决问题的途径和方案，为有关发展战略、目标规划、政策制定及组织管理等提供科学的决策依据。可通过政府各级部门采用“软科学”研究来增强全社会的绿色意识形态，激发社会组织为全社会践行绿色发展出力。通过“软科学”调研各地区企业参与低碳绿色转型意愿，选择意愿强、转型有利条件多的区域进行先行试点，争取较大的自选动作空间，取得成功经验后再向更大范围推广，加快全国全局性绿色转型进程。我国有巨大的人口基数和众多数量的企业，如何有效计算出每个企业或个人在碳排放量造成的影响？需要借助数字技术提供的海量链接能力和巨大算力进行核算。

通过数字化技术，环境问题中的多种形态碳排放量，每个人减排行为的贡献度都可以计算出来。宏观上，可以通过数字化技术将全国范围内的所有企业碳排放总量和分布数据进行核算。微观上，数字化技术可以将碳排放量计算颗粒化到企业和个人，还可以追踪它的动态轨迹。数字化技术为产业绿色发展带来了市场激励和社会激励，通过数字化技术能从“硬件”方面有效推动企业产业绿色发展行为。普及数字化产业绿色发展理念，软科学能实现绿色发展，达成生态环境保护与经济增长之间相互促进、互为依托的发展关系。以绿色发展理念为引，加快发展方式绿色转型，深入推进环境污染防治，提升生态系统多样性、稳定性、持续性，积极稳妥推进“碳达峰”和“碳中和”目标实现。除此之外，软科学还可以依托数字技术构建共治网络，发挥各方面齐抓共管的作用。当前中国有很多社会组织一直在推动绿色发展，可以通过建立绿色发展软科学研究机构来收集环境质量、碳排放等信息并进行大数据研究，实现碳排放监控天地同行。通过发射的碳排放监控卫星，可以实时在天上监测各地区企业碳排放数据，一旦发现过量排放点之后，可以迅速做出判断。

由于碳排放监测点众多，大到一个区域，小到一个企业，如何实时动态监测各区域或企业碳排放超标情况并及时治理？单纯依靠环保或碳排放监测机构难以全面实时动态掌控，需要通过软科学制定能够让全社会共同参与碳排放监管机制，通过机制鼓励所有的社会主体公民来自动地对碳排放环境保护共同出力。通过网络技术构建碳排放数据网站，全社会人员都可以收集碳排放监测情况，如工厂烟囱烧炭冒烟、污水乱排放、乱倒废弃物，焚烧垃圾、秸秆等，通过将相关数据和视频图片上传到网站后，由所在事件所在地片区网格员进行情况核实，对于违规企业在网上进行环保预警，通过环保机构和全社会力量共同监督，通过数字化技术建立广泛有效的碳排放网络监控触点，能有效监测各区域内零散的碳排放企业。除此之外，还可通过软科学研究促进产业绿色发展与数字化转型，鼓励使用数字化技术促进企业和个人参与节能减排。通过软科学研究引领数字化技术实现科技量化，放大个体绿色行为，通过奖励机制促进绿色低碳发展，形成碳排放双控的重要抓手，尽快把创新型碳减排的软科学核算体系，统筹增量与存量、未来减碳与当下减断、创新与安全，力争减碳技术上创新也能够通过软科学研究在制度政策上创新，为企业产业绿色创新和转型提供参考。

图书在版编目（CIP）数据

双碳目标下网络数字化技术应用研究实践 / 陈志高著. -- 湘潭 : 湘潭大学出版社, 2023.12
ISBN 978-7-5687-1334-4

Ⅰ. ①双… Ⅱ. ①陈… Ⅲ. ①数字技术－应用－低碳经济－研究 Ⅳ. ①F062.2

中国国家版本馆CIP数据核字（2024）第003262号

双碳目标下网络数字化技术应用研究实践

SHUANGTAN MUBIAO XIA WANGLUO SHUZIHUA JISHU YINGYONG YANJIU SHIJIAN

陈志高 著

责任编辑：刘文情
封面设计：张　波
出版发行：湘潭大学出版社
社　　址：湖南省湘潭大学工程训练大楼
电　　话：0731-58298960 0731-58298966（传真）
邮　　编：411105
网　　址：http://press.xtu.edu.cn/
印　　刷：长沙印通印刷有限公司
经　　销：湖南省新华书店
开　　本：710 mm×1000 mm 1/16
印　　张：13.25
字　　数：203千字
版　　次：2023年12月第1版
印　　次：2023年12月第1次印刷
书　　号：ISBN 978-7-5687-1334-4
定　　价：60.00元